D1620100

L'ESPRIT DE LA TERRE

La Goutte. Haute-Saône

L'ESPRIT DE LA TERRE

PRÉFACE
Michel Mourlet

TEXTES
Joseph Orban - Marc Paygnard

PHOTOGRAPHIES
Marc Paygnard

ÉDITIONS NOIRES TERRES
Collection « Le temps qui rêve »

Préface

NOTRE SIÈCLE DERNIER
par Michel Mourlet

Comme beaucoup de gens nés avant 2001 (bien que certains fussent trop jeunes encore pour en ressentir le choc !) j'ai assisté à un phénomène très curieux et qui n'a pas été sans traumatiser quelques observateurs : mon siècle, celui où j'avais depuis longtemps mes habitudes, mes souvenirs, mes pantoufles, où je supposais ma jeunesse bien à l'abri – c'est-à-dire le XXème – a pris tout à coup le nom de «siècle dernier». J'aurais éprouvé le même sentiment, je pense, si, après m'être absenté vingt-quatre heures de mon domicile, je l'avais découvert, au retour, rasé pour cause d'insalubrité ou transformé en musée municipal.

Nous devons nous y résigner : le «siècle dernier» a cessé de porter le numéro 19, pour devenir le XXème. Et le XIXème adopte à présent la silhouette lointaine, comme estompée dans le brouillard de ses Lumières, que présentait son prédécesseur immédiat avec sa perruque poudrée, son Indépendance américaine et son bon Dr Guillotin. Du coup, et c'en est un, de coup, croyez-moi, ce qui constituait notre histoire contemporaine, nos Présidents, nos grands criminels, nos bagnoles, même nos guerres, bref, notre pain quotidien, est en train de revêtir une valeur et des habits noir et blanc un peu trop boutonnés, amidonnés, un peu archaïques, encore vaguement proches cependant, tout comme ceux que le siècle barbu et moustachu de Victor Hugo et de Pasteur a si longtemps portés pour nous.

Voilà pourquoi, en fin de compte, les photos de Marc Paygnard nous surprennent moins qu'elles ne nous émeuvent, comme nous émouvaient sans nous déconcerter les daguerréotypes de nos arrière-grands-parents ou les sages gravures de leurs livres. Cette paysannerie des années soixante-dix, aujourd'hui disparue –et depuis pas mal de temps– aurait fait ouvrir de grands yeux aux enfants ou aux citadins de 1990, habitués à la télé des chaumières, aux ballets de tracteurs, voire aux bombardements insecticides. On les entend d'ici se récrier : «Quoi ! Il y a à peine quinze ou vingt ans, on voyait encore ça dans nos campagnes ! Des charrettes tirées par des chevaux ! Des vieilles avec un fichu sur la tête, et qui priaient le petit Jésus ! Et –non, je rêve...– des cuisinières à charbon !»

En 2007, on s'attendrit ; on ne s'exclame plus. Rien d'extraordinaire en vérité dans ces survivances rustiques : traction animale, four à pain chez soi, gerbe de foin au bout de la fourche... puisque c'était au siècle dernier.

Au moment où Marc Paygnard les a fixées, ces images semblaient encore anachroniques, à la limite du folklore. Aujourd'hui, elles ont réintégré leur juste chronologie, celle de l'Histoire. Elles éveillent en nous l'émotion particulière, un brin nostalgique –parfois poignante si l'un de nos souvenirs personnels s'en trouve ressuscité– qu'entraîne l'évocation d'un passé plus ou moins rattaché à notre propre vie, par des racines familiales, géographiques, ou d'autres liens.

Quand j'ai commencé à feuilleter, ou plutôt à caresser du regard ces photos, je demeurai d'abord à l'extérieur, spectateur d'un monde qui s'offrait à mes yeux comme sur un plateau de théâtre : théâtre d'ombres et de fantômes. Et puis soudain, sur le profil d'une vieille fermière au visage illuminé d'un sourire plein de malice et de générosité, un déclic se produisit. J'ai quitté mon fauteuil de spectateur, j'ai gravi les marches du podium, je suis entré dans ce monde. Ce n'était pas elle, bien sûr, mais j'avais quand même reconnu ma grand-tante, «la tante Eugénie» on l'appelait, mariée à l'oncle Léon. Il me faut préciser que ma famille paternelle est pour moitié originaire de la Franche-Comté, pour l'autre moitié du Limousin. Et que j'ai passé mes vacances d'enfant, pendant la guerre et un peu après, tantôt à Fraisans, dans le Jura, tantôt au Bois-aux-Arrêts et à Marsac dans la Creuse. C'est dire si l'odeur de l'étable m'est familière, cette bonne odeur d'ammoniac propagée par la fermentation de la paille dans le purin. Elle est pour moi le parfum même de la campagne, inséparable des ciels de juillet, des sauterelles jaillissant sous les pas, de la quête obsessionnelle des champignons et du bourdonnement des mouches sur les ombelles.

Eh bien, ces odeurs, ces bruits, cette fulgurance en bouche des jeunes Arbois et des antiques vins jaunes sur les noix et le fromage de Comté, le goût légèrement aigre de la miche au levain tranchée droit au couteau de poche contre la chemise à carreaux et tartinée de la sublime cancoillotte, les petits cubes de pommes de terre que la tante Eugénie faisait sauter au saindoux et à l'ail dans la cocotte de fonte, tandis que l'oncle Léon, lunettes au bout du nez, lisait avec application les nouvelles du canton ; et aussi les féveroles noires (jamais retrouvées depuis) glanées dans le champ après le gros de la récolte, et même la barbe biblique de mon arrière-grand-père Jean-Baptiste Mourlet aux yeux pétillants de finesse, encadré dans la chambre de mes parents, j'ai récupéré tout cela en un brusque pêle-mêle de sensations vivantes lorsque j'ai pénétré à l'intérieur des photos de Marc Paygnard, comme on enfouit le nez au beau milieu d'un bouquet de fleurs fraîchement coupées.

Je voudrais ajouter ceci : vous pouvez (tout est pardonnable aux yeux d'un Franc-Comtois, tant il est fier de descendre en quelque façon de Louis XIV !) vous pouvez n'avoir jamais mis les pieds ni une parcelle de vos rêves en Haute-Saône, Jura, Doubs ou Territoire de Belfort, et prendre néanmoins un infini plaisir à contempler l'exposition de portraits, de paysages, de scènes champêtres et de natures mortes à laquelle le peintre Paygnard nous convie. J'ai bien dit : le peintre. Car, si je ne me trompe, il préfère la composition réfléchie à l'instantané aléatoire, la signification recherchée derrière l'apparence, et profonde, à l'interprétation du photophage capricieux... rançon d'une confusion fréquente entre talent et hasard. Jadis, on louait le peintre d'être un bon photographe. Aujourd'hui, remercions Marc Paygnard le photographe de peindre ce qu'il pense, et de savoir construire ce qu'il sent.

*Le vrai visage de la montagne.
Le village de La Montagne se trouve non
loin de la route des Crêtes et des Forts qui
sépare la Lorraine de la Franche-Comté.*

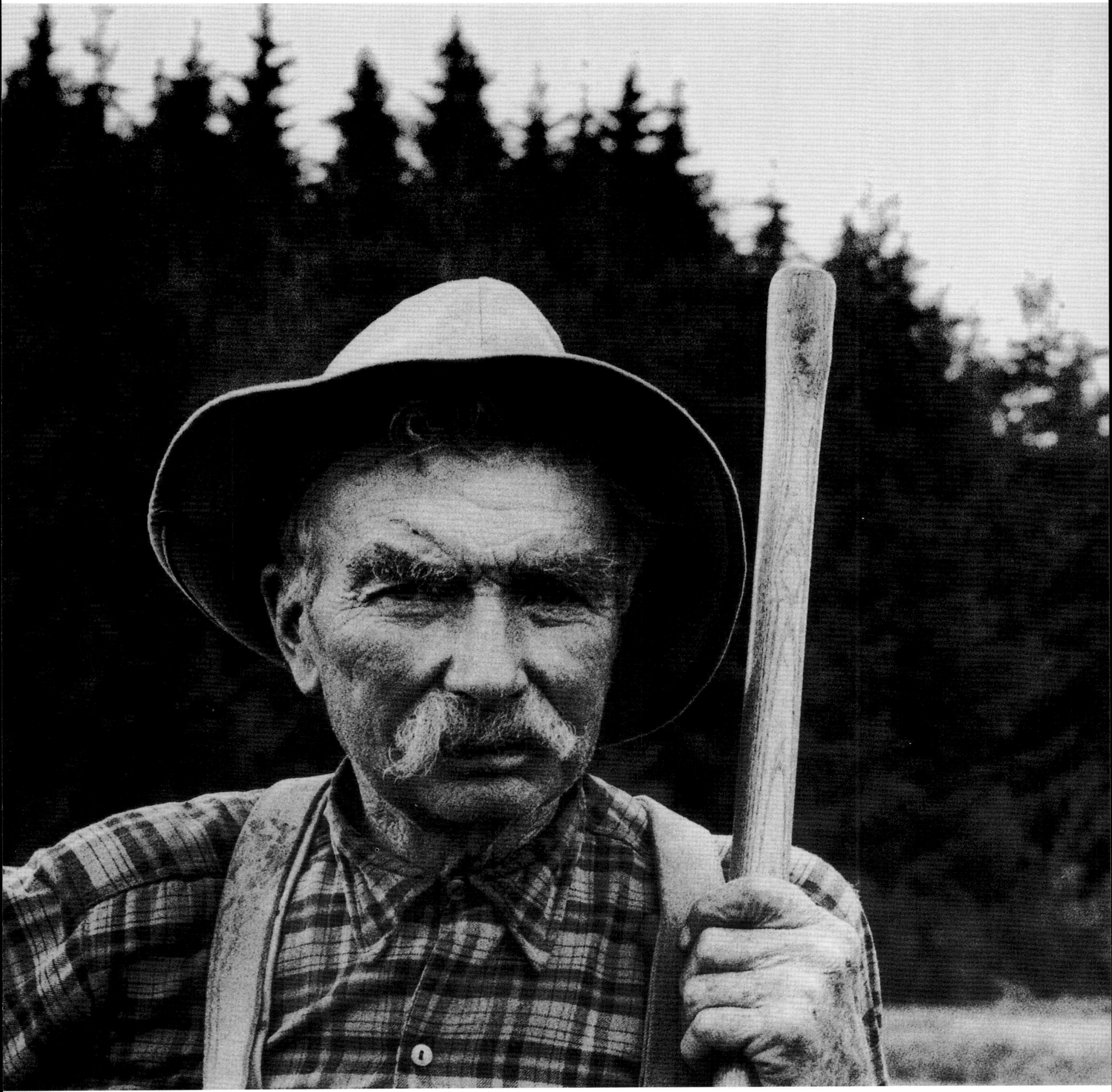

*Les visages des hommes de la terre.
Durs mais souvent enjoués.*

*Le Montandré au dessus de Servance.
Les bœufs ne marchent pas au gasoil !*

*Le Val d'Amour
près de Dôle dans le Jura.*

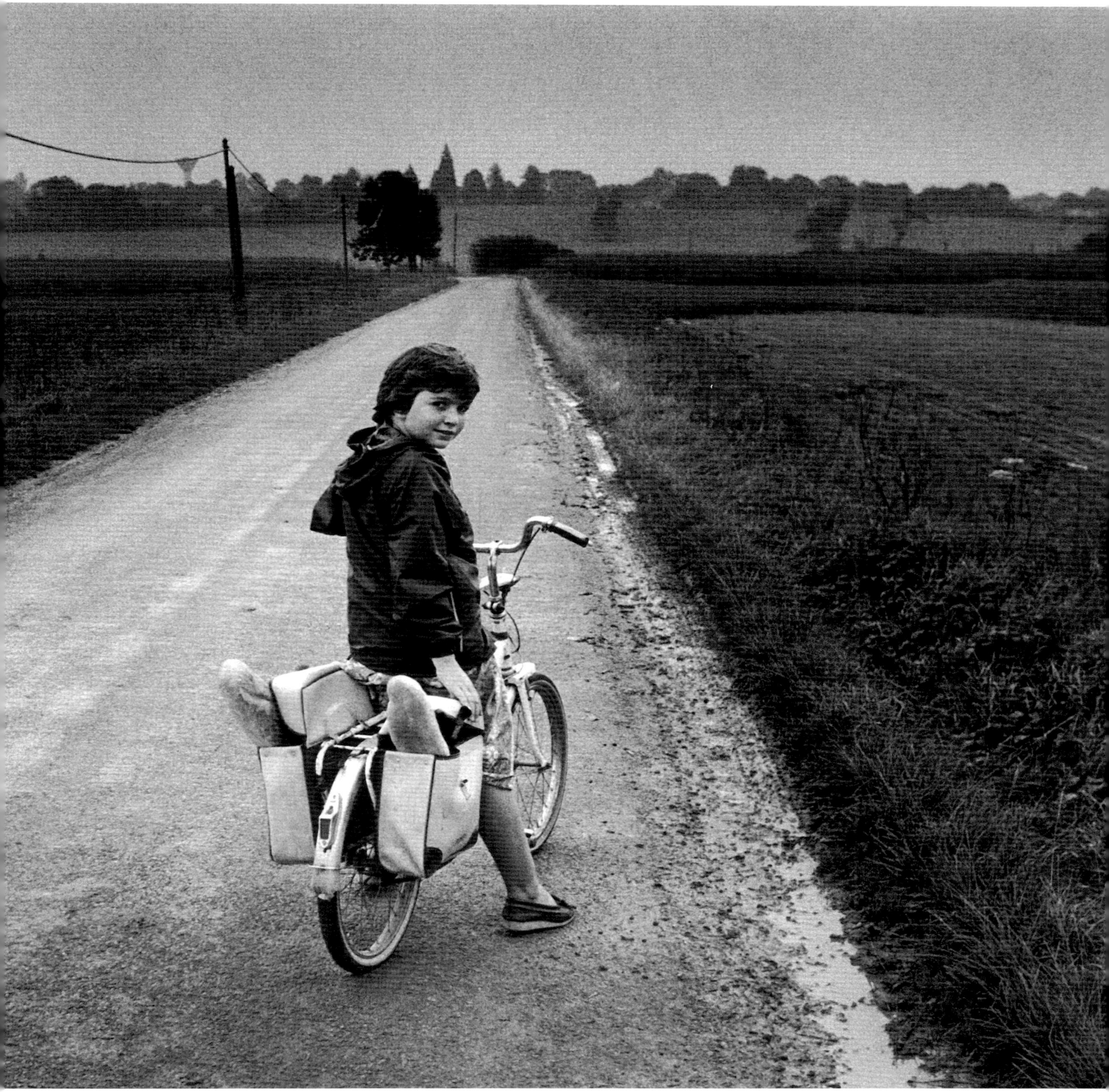

Prendre le temps de vivre !
Course d'escargots sur la margelle de la
fontaine centrale de Noroy-le-Bourg.

C'est au milieu de ce printemps que j'ai découvert les photographies de Marc Paygnard. Ces villages figés, je ne les ai jamais vus. Ces visages muets qui murmurent entre les blancs et les noirs des feuilles, je ne les ai jamais croisés. Et, pourtant, je les ai reconnus d'emblée, bien que distants d'au moins mille bornes rouges et blanches de l'endroit où je ne suis pas né, mais où j'ai grandi. Je ne faisais pas même trois pommes, ni de reinette, ni d'api gris lorsque mes parents emménagèrent à la campagne. Ce n'était pas la Franche-Comté, ce n'était pas la montagne. C'était un lieu de semblants de collines à pente douce d'où, par jour de très beau temps, on pouvait apercevoir l'aurore des Ardennes. J'ignorais alors qu'après l'horizon existait un lieu qui s'appelait France. Je ne savais même pas que la Belgique était sous mes pieds. J'étais alors dans mon nid d'insouciance, pomme de reinette qui observait la vie se dérouler sur un tapis d'apis rouges. Comme les coquelicots de l'immense jardin qui me servait de monde. C'était en l'an soixante de l'autre siècle. Une année d'hiver qui fut rude, non seulement dans les champs, mais aussi dans les mains d'acier des ouvriers d'alors. L'armée tira. Il y eut même des morts. Moi, je ne jouais pas encore à la marelle. Cerisier blanc et pommier rose. Longtemps, à défaut de me coucher de bonne heure (chose que je ne fis jamais), je me suis demandé quelle aurait été ma vision du monde si j'avais grandi dans une ville impatiente. Là où l'instant de passage des lumières rouges aux lumières vertes semblait une éternité juste bonne à engendrer des colères. Là-bas, dans ce village perdu, le temps était celui des saisons, du soleil qui se couche et de la lune qui lève. J'ai retrouvé ce temps dans les images de Marc. Cette manière de regarder les vies comme on observe une pâte que la levure fait se lever.

Mon village comptait quatre cents âmes. Des âmes, insistait ma mère, pas des ânes. Je me trompais souvent. Un âne, je voyais ce que c'était, le marchand de houille en avait un. Une âme, j'en cherche encore. Même si j'appris plus tard que les charbonniers avaient une foi. À vue de souvenir (je n'ai pas vérifié), cela voulait dire une trentaine de familles peut-être. On se mariait entre les murs. Il eut été malsain de s'abâtardir avec les étrangers du village suivant. Ou alors, fallait-il être vraiment plus amoureux que l'amour.

Nous étions des étrangers. Nous étions une famille un peu bâtarde. Et, pourtant, nous avons été accueillis. Peut-être parce que mon père parlait à peine le français, préférant s'exprimer en un dialecte différent de celui de cette campagne mais, malgré tout, compréhensible. De sorte que les villageois ne le considérèrent jamais comme un de ces citadins hautains qui venait pour tout leur apprendre. Là-bas, l'accent des gens était plutôt traînant. Comme leurs gestes.

À part les enfants, je ne me souviens pas avoir jamais vu quelqu'un courir ou se presser. Les gens avaient toujours le temps de prendre le temps. Au rythme du lièvre, ils préféraient celui de la tortue assurée de la victoire. Ils fauchaient les blés lentement. Ils retournaient la terre plus lentement encore. Mais la terre germait au moment voulu et les blés se couchaient avec la belle saison.

L'église était vraiment au milieu du village. Autour d'elle, au fil des siècles, une petite centaine de maisons, pour la plupart faites de grosses pierres grises et humides avaient été bâties peu à peu. Sans l'aide d'un inutile architecte le plus souvent. Qu'importait donc la résistance des matériaux, du moment qu'elles servaient d'abri ? Au début des années soixante, les petites fermes étaient nombreuses. Quatre ou cinq vaches à peine, un peu moins de cochons et un peu plus de poules. De quoi subsister sans devoir se rendre à la ville. La seule ferme importante était juste en face de chez nous. Une sorte de château mystérieux, respecté (ou jalousé) par les villageois. Le fermier n'en sortait guère, sa femme encore moins. L'aîné des enfants était à l'orgue le dimanche et sa sœur couvrait la voûte de sa voix de cristal. L'église était vraiment au milieu du village qui s'y retrouvait tout entier pour l'office. Sauf mon voisin dont certaines voix disaient qu'il était communiste. Ou quelque chose comme ça. Un mot que je ne comprenais pas. Le dimanche donc, tout le monde était à la messe. Les femmes aux premiers rangs à gauche, les hommes plutôt dans le fond à droite. Moi, j'apprenais le nom des arbres et ne comprenais pas pourquoi, un jour, on déplaça le curé parce qu'il possédait un certain charme.

À part ceux qui allaient bientôt cesser d'être fermiers, le village comptait trois épiceries dont une, coopérative, qui semblait n'avoir que mon voisin païen pour unique client. Une boucherie tenue par l'effrayant Gros Doudou ou, plus exactement par sa femme, car les deux cents kilos du croquemitaine l'empêchaient de se tenir derrière le comptoir. À l'arrière du magasin, le fils tenait un salon de coiffure, eau de Cologne et petite goutte des vendredis. C'était tout pour le commerce. Si l'on voulait se chausser, il fallait bien parcourir sept lieues. La petite école maternelle et des filles tournait le dos à celle des garçons. Seuls un jardin et des toilettes rustiques fermées par une porte de bois percée d'un as de pique les séparaient. Tout près du carrefour, était le presbytère, curieusement accolé à la maison communale et puis, un peu plus loin, le luxueux manoir du docteur. Une bâtisse tellement imposante qu'il fallait être vraiment souffrant pour oser en franchir le seuil. Voilà ce qu'était le village. Une «grand-route» où passaient peut-être cinquante voitures par jour, quelques autres rues et sentiers. Un garage Gulf où l'on réparait surtout les tracteurs et les vélos sous la grande orange de l'enseigne.

On s'éveillait le matin aux chants des coqs. Seul restait muet celui qui perchait au sommet du clocher pour indiquer la direction du vent. Le repas du matin était lent et copieux. Grosses tranches de pain blanc coupé sur la poitrine de la mère tout juste après un signe de croix tracé à la pointe du couteau. Couche épaisse de beurre, jambon ou confiture du jardin. Café bouillant dans lequel certains battaient un jaune d'œuf à mon grand écoeurement. Ou jatte de lait fumante recouverte d'une lave crémeuse. Le temps que cela passe et les coqs n'avaient plus de voix. Et celui du clocher attendait sa revanche. Elle venait, tous les matins, à sept heures, sous la forme d'une naine bossue, édentée, quelque peu idiote dont la seule tâche consistait à appeler les fidèles en déclenchant un charivari de cloches hurlantes et fausses. Le glas lui était interdit. Elle s'en consolait en nettoyant, rarement, l'église.

Une fois ces matines terminées, le village se mettait à vivre. Minces troupeaux de vaches dont le bruit des sabots paraissait silencieux à côté des cris de celles ou ceux qui les guidaient vers les prairies. Les rares voitures n'avaient qu'à se montrer patientes. Personne n'aurait osé klaxonner. Le boulanger et le facteur étaient déjà passés. Les enfants se rendaient à l'école. Certains à cloche-pied, d'autres à pas de plomb. Mais, tous, dans l'odeur tiède du fumier et des étables, du lait versé dans les cruches ou du beurre qui, déjà, prenait consistance avant d'être versé dans une forme au fond garni d'une grappe de raisins. On le vendait encore en livres. On dit que certaines fermières y ajoutaient un peu d'eau. Seul, à l'époque, le puissant agriculteur possédait une machine à traire. On dit que le lait de chez lui avait moins bon goût. Un dimanche, le nouveau curé fit une messe face aux fidèles, sans leur tourner le dos, sans leur parler latin. À la sortie, une vieille bigote déclara qu'avec ces messes en français, on ne comprenait plus rien aux prières... Le monde paysan est très conservateur. Le progrès y est plus redouté que la peste porcine. Mais sans doute les gens avaient-il déjà compris que les machines viendraient leur ôter le pain de la bouche et les condamner à mourir ou, pire, à s'exiler dans les villes ?

Au tout début des années soixante, subsistait toujours comme une ambiance de Moyen-Âge. Il n'était pas rare de découvrir, çà et là, un corbeau (une corneille plutôt) crucifié sur une porte cochère. Des gens venaient chez la vieille Catherine, mon autre voisine, un peu secrètement. Ils avaient des «poireaux». La vieille dame les faisait entrer dans une pièce sombre. Elle posait ses mains sur eux. Ne disait pas un mot. Elle leur promettait qu'elle allait entamer une neuvaine. Et neuf jours plus tard, les gens étaient guéris. Les hirondelles, la forme des nuages ou le comportement des vaches dans les champs avaient bien plus de science que l'homme qui parlait dans le poste et prétendait prévoir le temps qu'il ferait demain. Encore un citadin qui ignorait que certaines fleurs ne se parfumaient qu'une heure avant l'orage.

Saint-Nicolas existait vraiment. Sinon, comment expliquer que, deux ou trois jours avant qu'il descende dans les cheminées, il reconnaisse les enfants sages des garnements ? Ces derniers n'avaient qu'à bien se tenir en allant, tête basse vers lui. Le Père Fouettard trempait alors des baguettes de genêt dans un seau rempli de vinaigre. «Milliard de milliards ! Maraudeur ! Bouteur de feu ! Mangeur d'hosties» ! Le va-nu-pieds s'enfuyait alors en pleurant. Au moins le village était-il certain d'avoir la paix tout l'hiver. Mis à part un garde-champêtre plus folklorique qu'autre chose et à qui un verre de goutte suffisait pour qu'il ferme les yeux, la police était inutile. Il fallait être insensé pour devenir voleur ou adultère. Même si c'était pour le pire et le pire, on ne se mariait qu'une fois et la porte des maisons était toujours ouverte.

Etait-ce l'esprit des lieux ou bien celui de mon enfance qui me faisaient paraître tout cela comme d'étranges et antiques magies ?

Les gestes de la moisson sont peut-être admirables et, auguste, celui du semeur. Il n'en reste pas moins vrai qu'ils n'ont rien du doux batifolage devant lequel la dame de Sévigné s'extasiait en son temps. Les années soixante étaient le temps des copains et, dans les villages aussi, les jeunes filles voulaient être la plus belle pour aller danser. Sauf qu'il n'y avait pas de bal. Ou alors, une fois l'an. Et encore. Il n'y avait qu'une promesse de vie de Cendrillon, sans citrouille, ni vacances. Peu importe le jour, la vie paysanne ignore l'insouciance. Au lieu d'un Jésus, un veau peut naître en plein Noël. Peut-être l'appellera-t-on Judas ou Madeleine pour lui reprocher d'avoir gâché la fête ? Tant de vaches alors s'appelaient encore Marguerite, comme cette fleur jamais exfoliée... À la folie... Et, surtout, pas du tout... Ou alors très peu... Juste avant le mariage...

Peu à peu, les petits fermiers vendirent leurs bêtes aux plus gros qu'eux. Qui les cédèrent finalement au tout dernier. Juste là, devant la maison où je ne cessais de grandir, totalement indifférent à ces marchandages. On n'avait pas quitté le Moyen-Âge, mais on y revenait tout doucement. Il y aura toujours des serfs. Et des manants. Le mot «seigneur» n'admet pas le pluriel. Sur la «grand-route», le lent pas des animaux s'éteignait lentement devant la toux des «deux chevaux». Certains garçons, peut-être les mêmes que ceux qui n'avaient pas reçu assez de vinaigre sur leurs fesses en décembre, commençaient à avoir leurs cheveux à la «bitelle». Vraiment, vraiment, où allait-on ? Déjà qu'il n'y avait plus de saisons...

Les saisons. Justement. C'est certainement elles qui marquent la frontière entre le citadin et le paysan. Le premier n'en a cure, le second ne vit que par rapport à elles. Il faisait encore froid. Peut-être y avait-il encore des neiges ? Dans le village, les enfants allaient chercher des branches mortes dans les bois. Ils les entassaient le plus haut possible. Un soir du mois de mars, quelqu'un craquait une allumette. C'était le «grand feu». Pas encore le printemps, mais la mort de l'hiver. On attendait que mai exulte de pivoines et de roses. On recueillait leurs pétales. On décorait toutes les fenêtres. Le curé, flanqué de bannières, d'oriflammes et de statues de craie, bénissait chaque maison en dirigeant la procession. Ce n'était pas encore l'été, mais la promesse des moissons. Le moment où se noueraient les gerbes et se dénoueraient plus secrètement d'autres épis bien plus secrets. En septembre, était-ce un hasard ? on fêtait le patron du village. Le long «wikenne» rendait la rentrée des classes moins insupportable. Ça se passait autour de l'église : un stand de tir, un manège, deux ou trois balançoires. Et puis c'est tout. Ce n'était pas encore l'automne, c'était le moment de sceller les secrets épis de l'été. Au début de décembre, il fallait bien fêter les enfants qu'on avait oubliés. Ce n'était pas encore l'hiver, mais les nuits allaient être longues, mais pas encore assez pour guérir les outils de la prochaine année. Même dans son agonie, la vie paysanne ne s'arrête jamais. La citadine n'a guère d'existence réelle.

Le village existe toujours. Les maisons ont été redessinées par des architectes. Les enfants qui y sont nés sont partis vers d'autres ailleurs. Bientôt, sans doute, y réintroduira-t-on des ânes pour combler son manque d'âme ? Car, comment goûter le beurre si l'on n'est pas né le nez dans le fumier ?

Je regarde les photos de Marc. J'y vois des gens de mon enfance. D'autres d'Ukraine, de Pologne, du Mexique, d'Afrique, d'Océanie ou d'ailleurs. Ils sont tous les mêmes. Peu importe les climats. Je n'ai pas la moindre goutte de nostalgie dans la voix. Cela ne sert à rien, la nostalgie. Du haut de ses même pas trois ans, Elise me regarde regardant les photos de Marc.

Mais, papa... Il y avait des dinosaures dans ton village ?

Joseph Orban, le 23 juillet 2006, à Liège.

Pages 24-25 : Conduire un attelage de bœufs ;
une certaine similitude avec l'homme qui dirige les chiens de
traineau. Il faut connaître ses bêtes et les avoir dressées.

Vellefaux, près de La Chapelle Sainte-Anne, les générations se passent la balle

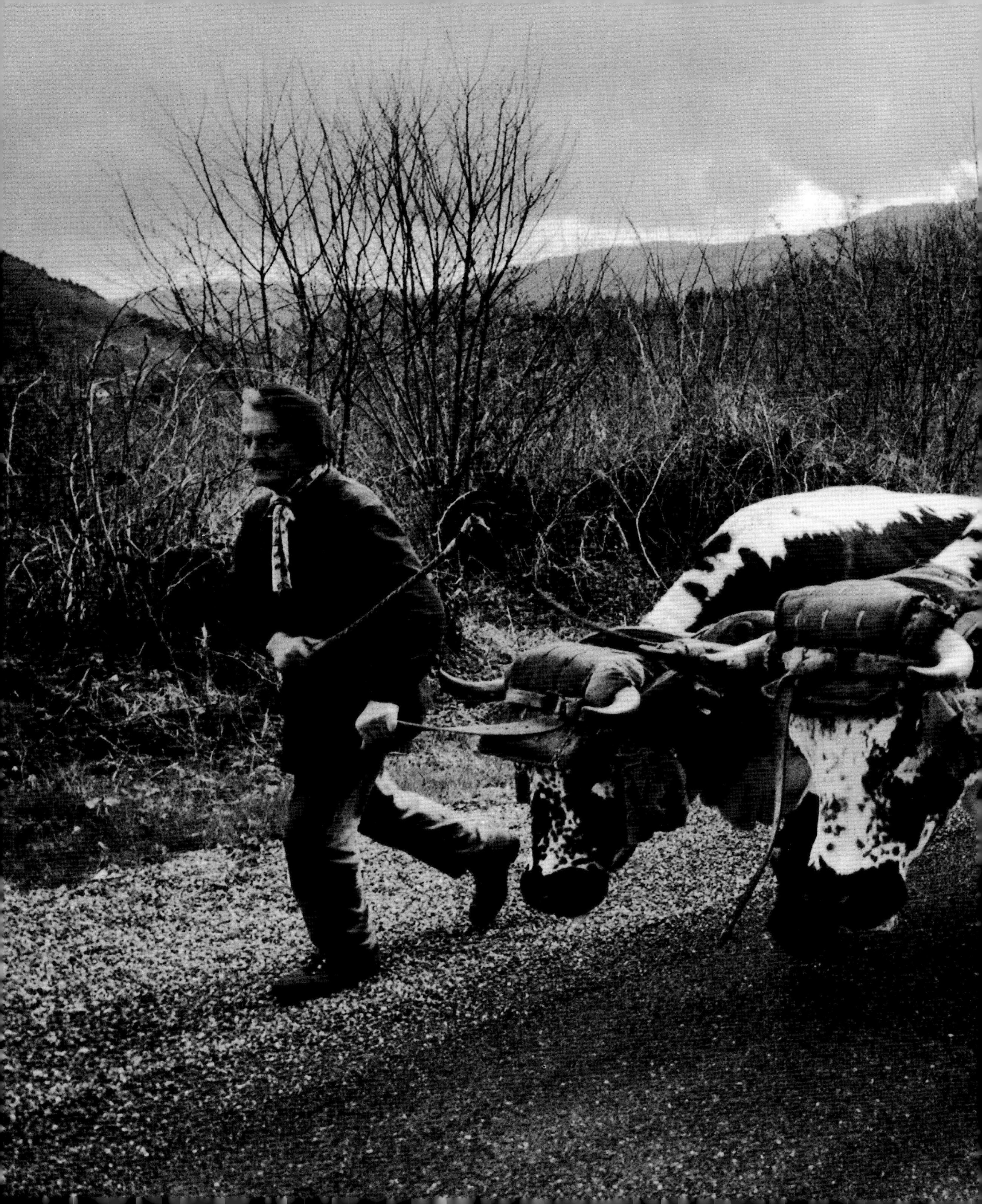

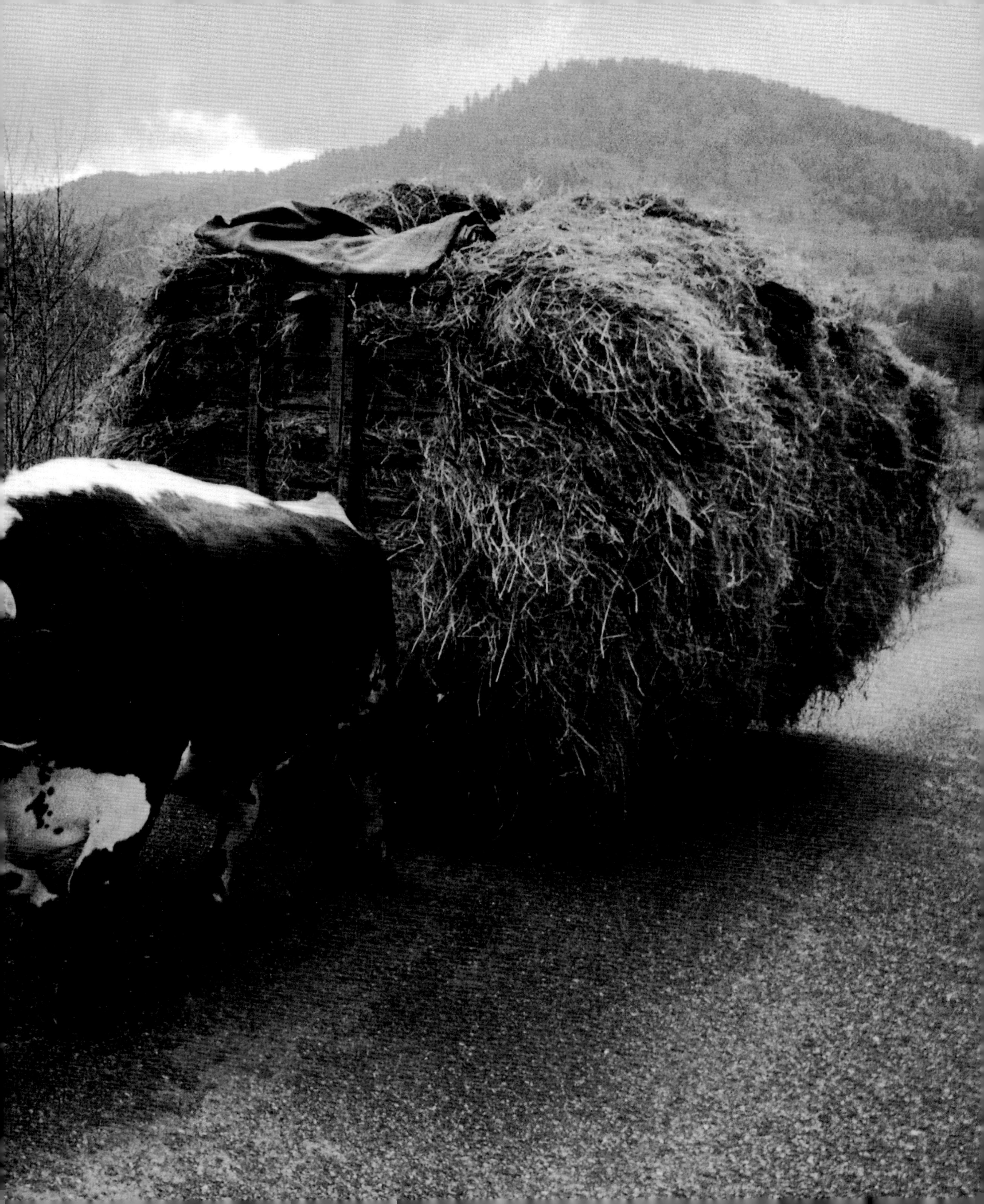

Marie Mougenot conduit les bœufs. Les femmes savaient travailler comme les hommes. Courageuses.

Emile et ses deux grands bœufs. Une complicité entre hommes et bêtes. ▶

27

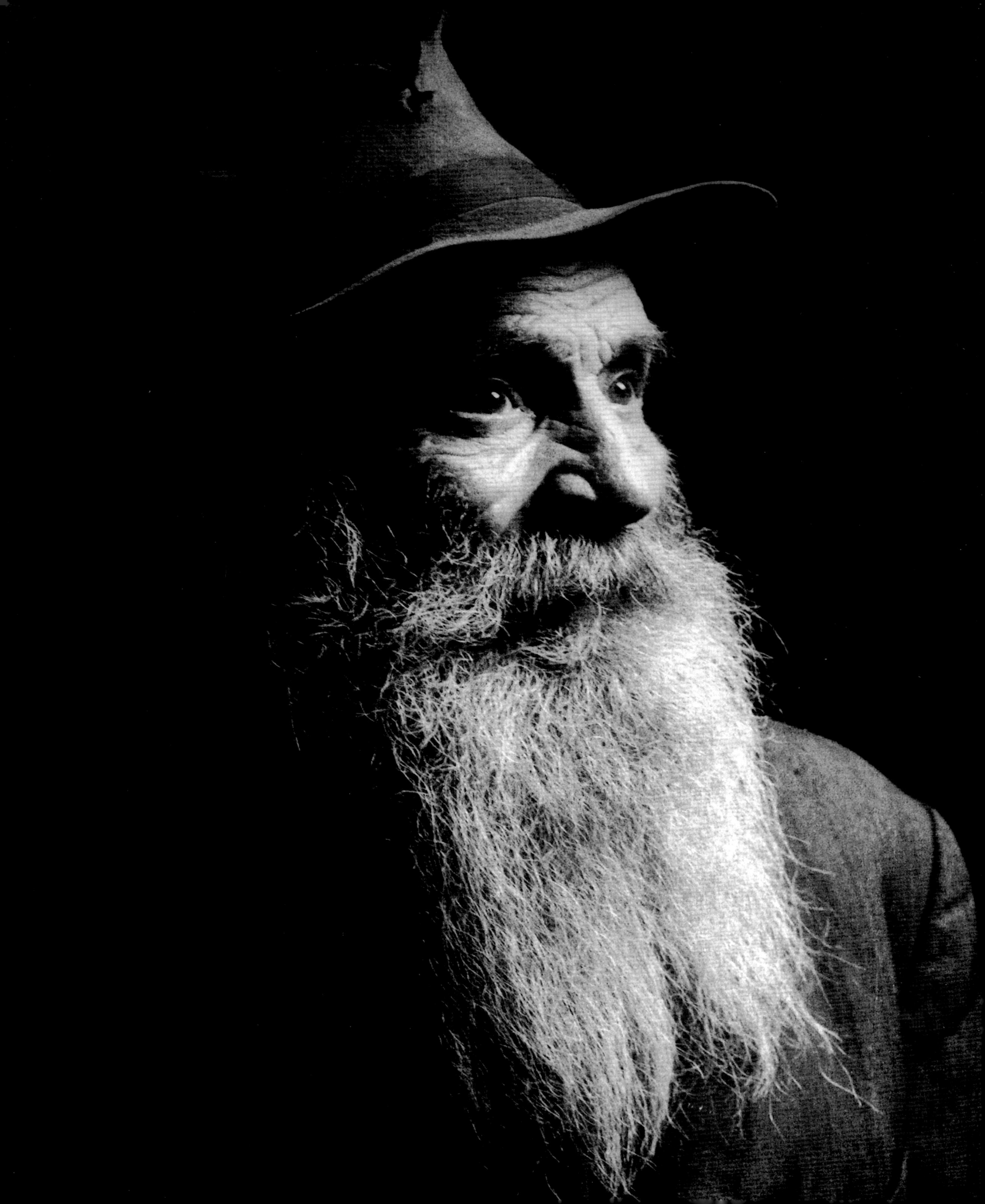

◀ *Victor Vitali avait accepté de monter dans le grenier de la mairie-école de Noroy-le-Bourg où j'ai profité de la belle lumière d'une petite lucarne pour réaliser ce portrait.*

Le père Vitali, dit aussi Totor, vivait dans cette petite maison à l'orée du village et de la forêt. Il a eu cinq enfants dont deux, Marcel et Rosette, résidaient dans le bourg.

La forêt de Jussey, celle de Cherlieu, le bois de Montigny, voient grandir les chênes parmi les plus beaux de France.

Chaque ferme isolée avait un grand puits et un arbre majestueux, souvent plus que centenaire comme celui-ci près de Fontenois-les-Montbozon ▶

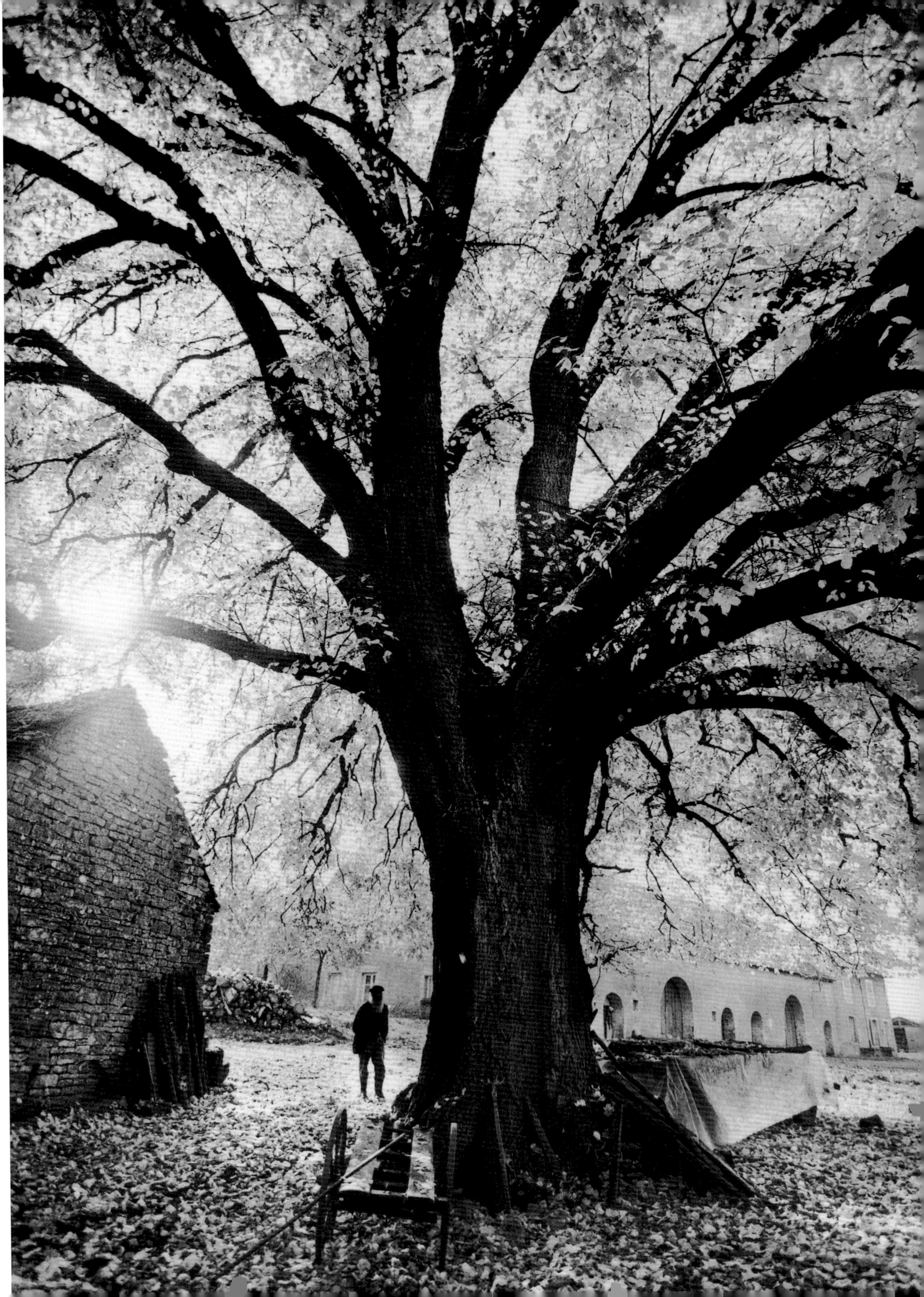

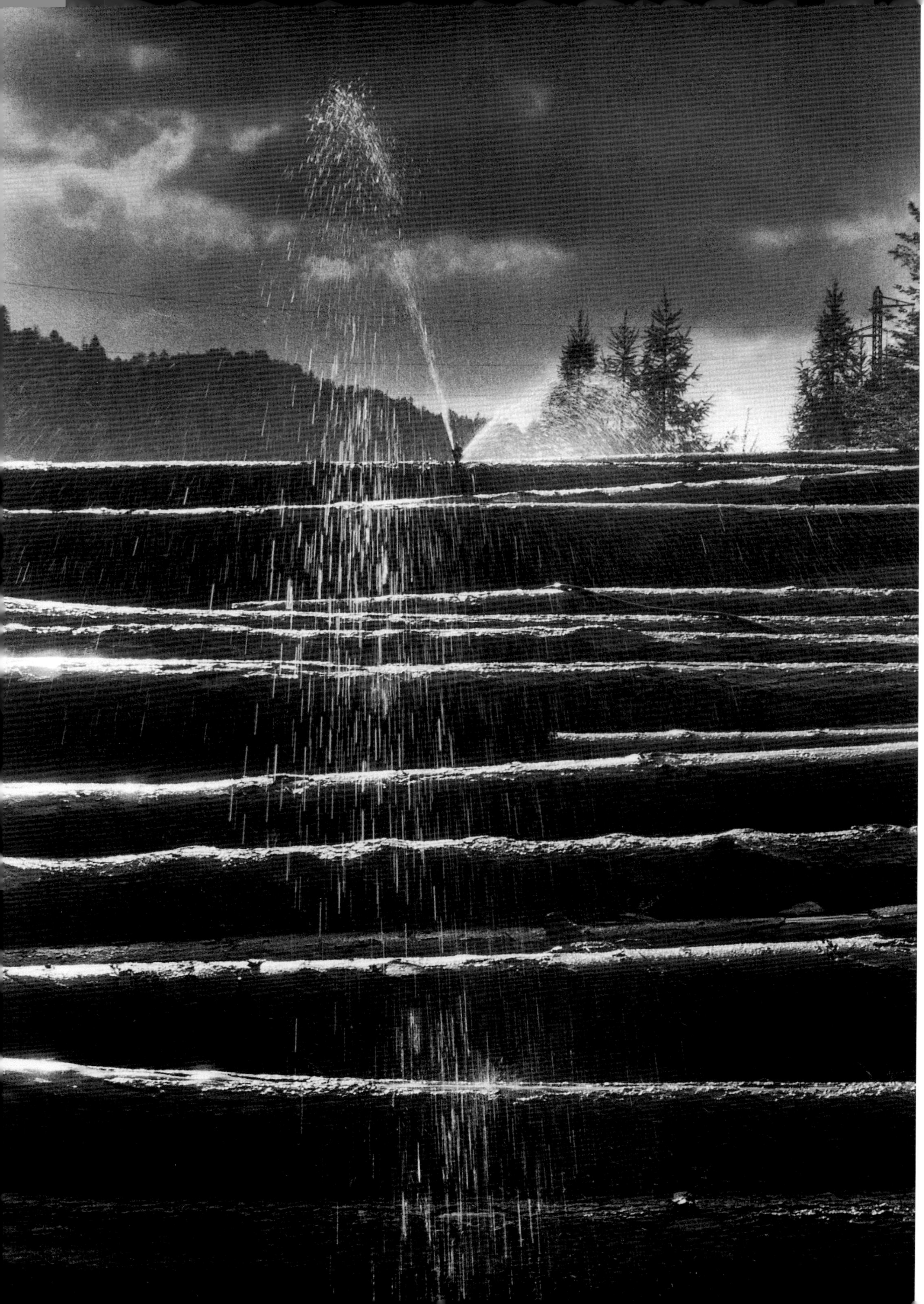

◀ *Dans les Vosges-Saônoises les arbres couchés près des scieries sont constamment arrosés pour ne pas se fendre.*

Le saut de l'Ognon. Juste après Servance la rivière se jette du haut d'un rocher dans une gorge noire majestueuse.

*Les fermes isolées souvent abandonnées comme ici près
de La Grande-Croix à Fresse sont parfois sauvées par des
Allemands ou des Suisses avides de nature et de calme.*

Cette ferme de Beulotte-la-Guillaume au caractère bien franc-comtois est aussi délaissée. Juste au-dessus, coule en toutes saisons la modeste mais bien jolie cascade du Brigandoux.

Le village de Beulotte-Saint-Laurent se trouve en plein cœur des Mille Étangs. On y trouve des miches de pain à l'ancienne qu'il faut réserver à l'avance. Un pain qui se conserve plusieurs jours sans devenir le caoutchouc des grandes surfaces...

Entre le Pré-des-Bœufs et Saphoz.

*Je suivais pas à pas le petit homme qui ramassait des feuilles.
Une belle histoire allait naître entre nous ce jour là...*

L'ESPRIT DE LA TERRE

Le petit homme est courbé vers le sol. Il ratisse des feuilles mortes qu'il entasse dans un grand sac de toile grise. Une fois celui-ci rempli, il le dépose dans une petite charrette à bras qu'il conduit jusqu'au grenier de la ferme. Je n'ai jamais su pourquoi il ramassait ces feuilles à chaque automne. Je ne le lui ai jamais demandé. Etait-ce pour nourrir les moutons en hiver ? J'ignorais même ce que mangent les moutons dans le silence des neiges.

C'était la première fois que je le rencontrais. J'étais un étranger. Il n'a rien dit lorsqu'il m'a vu le photographier. Je le suivais pas à pas, sans dire un mot, mais je pouvais sentir cette indicible connivence qui unit le photographe et la personne qu'il observe. Il n'y avait plus de feuilles. Je n'avais plus de film. On a échangé quelques mots. Des phrases simples comme bonjour avant de se retrouver autour d'une grande table de bois. J'ai hésité avant d'entrer dans la cour où aboyaient deux grands et gros briards, menaçants et fougueux. J'étais un étranger. Bien des années plus tard, alors que j'étais revenu accompagné d'une équipe de télévision, j'ai ainsi compris que mes craintes étaient à la fois justifiées et inutiles. Les chiens me saluaient, tout simplement. Le réalisateur du film, lui, se fit mordre les fesses car il avait quitté la table avant que le maître des lieux ne se lève. Les chiens savaient que le petit homme n'invitait pas des ennemis. Mais, quitter l'assemblée alors qu'il était encore assis devait leur paraître un manque de civilité. Au fil des années, l'homme qui ramassait les feuilles allait devenir bien plus qu'un ami : un père spirituel.

Pages 40-41 : Emile et Marie élevaient des moutons. Lorsque les agneaux viennent de naître il faut participer à leur émancipation. Une tâche acquittée avec bonheur.

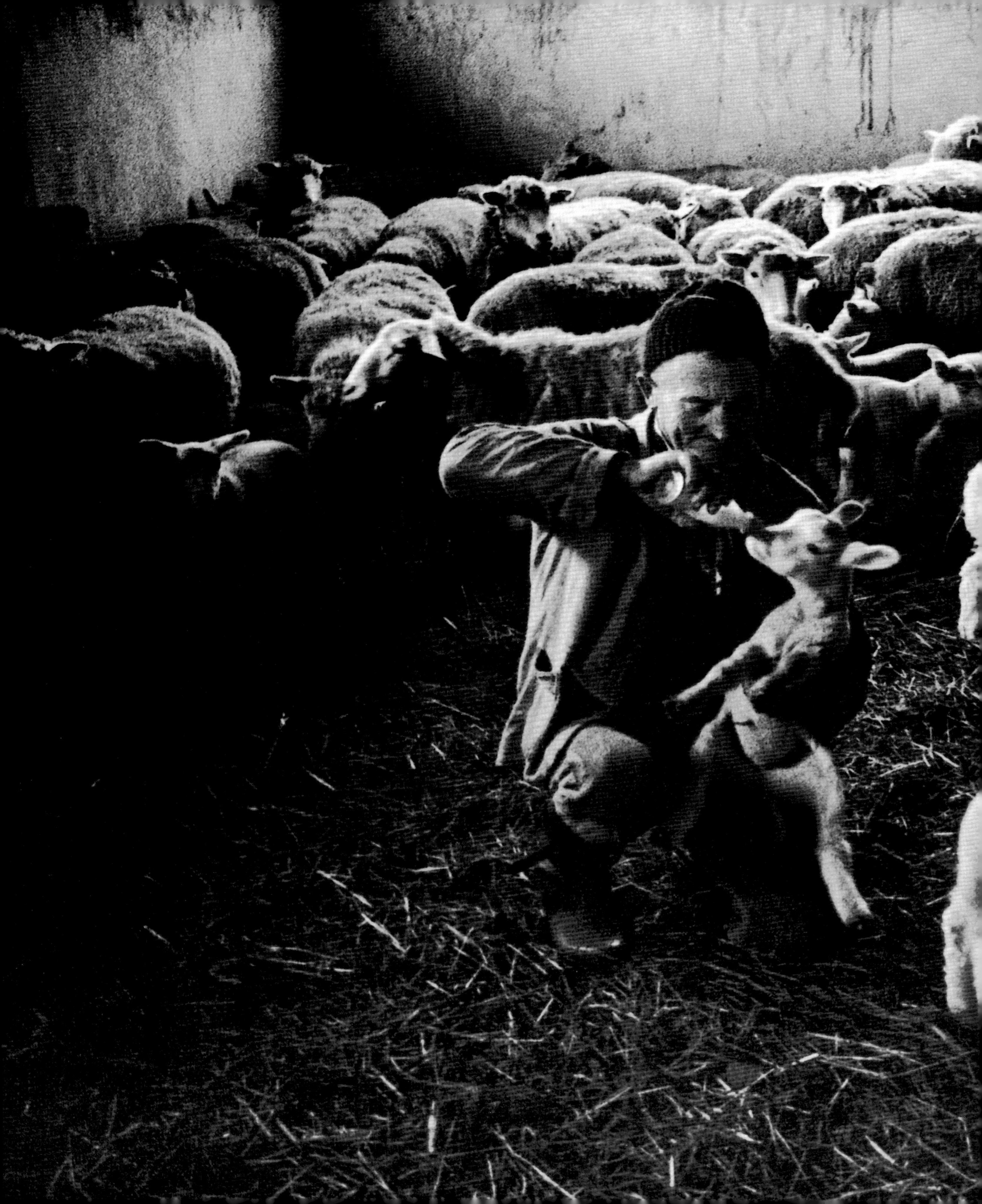

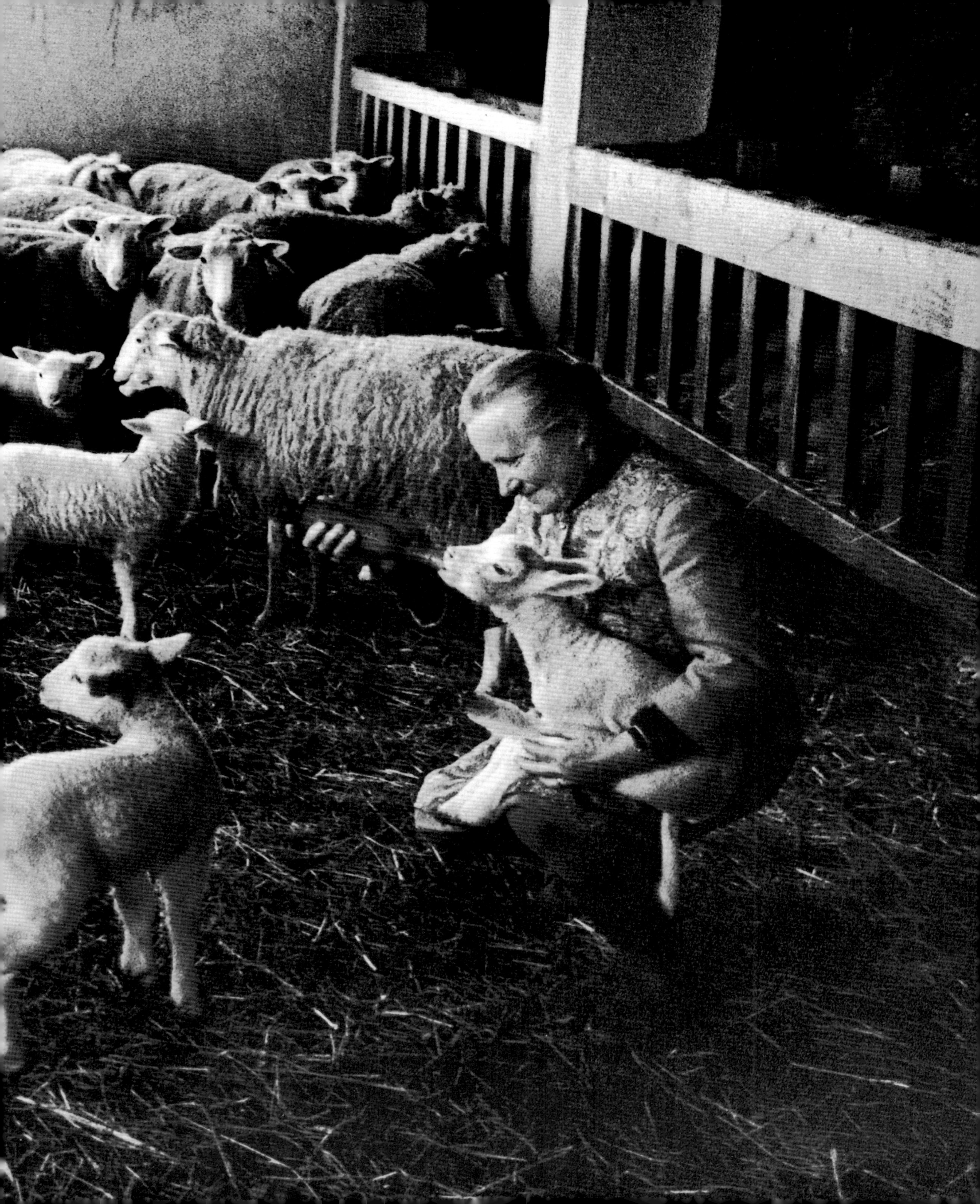

C'est grâce à lui que je me suis enraciné en Franche-Comté, cette région dont j'ignorais même l'existence. J'étais arrivé à Vesoul par le plus grand des hasards. Le quotidien qui m'employait alors venait de signer des accords de non-agression avec le concurrent messin où j'avais fait mes premiers pas de journaliste. Je n'ai pas vraiment «voulu voir Vesoul», comme me le serinaient ironiquement mes confrères d'alors, tout heureux de rester dans leur contrée. Pourtant, le déclin de la sidérurgie était entamé. Mon adolescence avait été celle des hauts-fourneaux et des feux de l'acier dans la vallée de la Chiers. Tout allait disparaître en quelques années. On allait démonter des usines pièce par pièce pour les remonter en Chine. La sombre et longue agonie de la sidérurgie lorraine ne faisait que commencer. Tout allait disparaître. Même l'immense «crassier» de Longwy, la grande montagne au-dessus de la ville, verra ses cendres dispersées au bord des autoroutes et des lignes du TGV. Je n'ai pas vraiment voulu voir Vesoul. Je n'avais pas véritablement le choix. J'étais alors le plus jeune journaliste. Mourir en Lorraine ou tenter de renaître dans une ville où, d'après les paroles de Brel, il ne devait y avoir que peu de choses à voir. Pas plus qu'à Vierzon. Pas plus qu'à Honfleur. Je ne pensais pas rester bien longtemps en Haute-Saône. Mais le petit homme qui ramassait les feuilles un jour d'automne m'a fait comprendre que je n'avais besoin ni d'endroit comme Anvers, ni de ville comme Hambourg. C'est grâce à lui que j'ai jeté l'ancre dans un autre monde en voie de disparition : celui des paysans de la montagne.

Les feux de l'automne

LA DISPARITION DES TROIS MONDES

Là-bas, j'allais, halluciné, découvrir une autre vie. Sans pourtant me douter que le temps de ces gens était aussi compté. Enfant, j'avais été orphelin des mines de fer et mon adolescence se passera au chevet de la sidérurgie. Un troisième monde allait disparaître. Il fallait que je le connaisse.

À Trieux, où je suis né, nous avions tous des pères mineurs aux noms qui nous semblaient imprononçables. Face au tableau, l'instituteur que nous pensions omniscient, trébuchait plus souvent sur les noms des élèves que sur la syntaxe. Sobieski, Trentarossi, Mattioli, Jakubowski, Wisniewski ou Venturi. D'autres encore. Des gens qui, sans le savoir, ébauchaient une Europe que les hommes d'Etat balbutiaient à peine. Mon grand-père était porion à la mine de Trieux. Il m'y avait un jour entraîné au fond. Sans un mot. Sans une explication. Peut-être voulait-il simplement me montrer l'endroit où il ne voulait jamais me voir descendre. Plus tard, alors correspondant pour le Républicain Lorrain, j'ai photographié les premières manifestations des mineurs et même l'occupation des galeries, à 400 mètres sous terre. Quelques rares photos seulement car, à l'époque, il fallait changer l'ampoule du flash en se brûlant les doigts ! Quand Marie et Nicolas Vion, mes grands-parents maternels, m'ont offert un «Ultrafex» puis un petit «Brownie» Kodak, ils étaient sans doute loin de penser qu'ils venaient de déclencher ce qui allait être la passion de ma vie.

C'est peut-être aussi pour cela que ce grand-père est toujours aussi magique dans ma tête. Et peut-être plus beau que la plus belle fée, plus magicien que le plus grand sorcier. Un aïeul merveilleux comme tout enfant rêve d'avoir. Un homme qui, conscient des douleurs de la vie, tisse ses derniers temps à vous en faire découvrir les bonheurs minimes. Il nous emmenait au bois, mes deux frères, l'aîné Jean-Marie et François le dernier, du côté de la ferme du Sarre. Là, il nous disait le nom des arbres et des fleurs. Il s'amusait à disparaître, à nous perdre et à jouer au loup ! Jean-Claude le troisième frère et Annie ma petite sœur ne l'ont pas connu aussi bien. Je le croyais indestructible. Et plus dur que le roc, et plus acéré que le fer. Mais en Lorraine, le fer c'est la minette. Comme si ce mot portait déjà en lui l'esquisse de la mort. Au fond des mines, même si leur langue ne parlait pas les mêmes langues, les hommes étaient tous frères de la silicose. C'est à son bras, disaient-ils, qu'ils partiraient. Mon grand-père n'a pas partagé ces ultimes épousailles. Il est mort bêtement. Comme un enfant, il est tombé du lit. Ce fut son seul et très bref séjour dans un hôpital... C'est drôle comme je l'aime encore. C'est très certainement grâce à lui que je me suis intéressé aux hommes, que je les ai observés toute ma vie, que je les ai souvent aimés.

(On dit souvent qu'on ne photographie bien que ce qu'on aime. Ce qui signifierait que les photographes de guerre aiment ces tueries. S'ils sont souvent excellents, c'est sans doute parce que, derrière ces innombrables jeunesses fauchées, c'est leur amour de la vie qu'ils nous transmettent).

Pendant cinq à six ans, j'allais donc me passionner et m'attacher à ce monde où il n'y avait ni machines, ni moteurs, ni tracteurs. Rien que des hommes qui travaillaient avec des bœufs et des chevaux. Encore un univers qui allait très rapidement s'éteindre. Etait-ce moi qui apportais la malédiction partout où je déposais mes valises ? Non, bien sûr, je ne faisais que suivre le monde en marche...

Aujourd'hui, moins d'un demi-siècle plus tard, c'est au musée qu'il faut se rendre pour retrouver ce temps. Le tracteur a remplacé les animaux. Les cochons partent aux abattoirs sans l'ombre d'une fête. Les faux, les râteaux, les furets ont déserté les granges. Les schlittes et les traîneaux aussi. Et les travaux du maréchal-ferrant n'ont plus de raison d'être. J'ai photographié tous ces moments-là, toute cette vie qui collait à la terre comme la boue aux bottes. Une existence plus que difficile, certes, mais parfois si pure et si simple...

Le petit homme aux feuilles mortes s'appelait Emile. Avec Marie, il vivait dans une petite ferme au-dessus de Servance. Un endroit isolé d'où l'on découvrait la vallée. Parfois, leur fille Cécile revenait d'Alsace pour les voir ou les aider. Émile, Marie et Cécile Mougenot deviendront des amis. J'allais me sentir comme de leur famille.

Lorsque je les accompagnais, Emile et Marie n'ont jamais rien changé dans leur manière de vivre. J'étais l'homme qui les regardait au travers d'un autre œil. Ils étaient tout à leurs travaux et donc trop occupés à s'inquiéter de ma présence. Leurs gestes ancestraux, tant et tant de fois appris, ne nécessitaient aucune mise en scène. Aucun raccord. Aucune reprise. Sans le savoir, ils étaient plus que des acteurs. Ce n'était pas leur vie qu'ils jouaient. Ils étaient leur vie. Toute idée de pose leur était inconnue. De même que ces fausses pudeurs qu'ont souvent les femmes qui se savent belles mais détournent les yeux devant un objectif. De mon côté, je me faisais invisible et n'intervenais jamais dans leurs occupations. Il eut été impudent de ma part de leur demander de recommencer un geste ou de déplacer un objet pour des besoins esthétiques. Tant il est vrai que la nature possède elle-même ses propres compositions.

Chiens et chats dormaient près de la cuisinière à bois de la grande pièce à vivre. On entrait alors dans le film d'une vie. Dans le monde et l'esprit de la terre. On entendait l'eau s'écouler de l'évier de pierre dans le jardin. Là où, chaque hiver, des mésanges nombreuses venaient picorer graines et mies de pain pour le plus grand plaisir de Marie. Sur la table protégée par une toile cirée, l'almanach Vermot était posé comme une Bible. On le consultait régulièrement. Pour y connaître les lunes, les moments des semailles, des labours, des récoltes. Le livre était toujours usé. Il rappelait aussi les étés de canicules, la hauteur des neiges, les hivers rigoureux.

«Vous souvenez-vous, Marie, de cet été où nous n'avions plus de fourrage pour les bêtes ?

Nous avions dû prendre les bœufs jusqu'à la vallée de Miellin pour le ravitaillement...»

Oui, c'était là une chose qui m'a toujours paru curieuse : comme dans le «grand monde», Emile et Marie se vouvoyaient. Mais cette moyenne montagne, n'est-elle pas le grand monde de la terre ? Un univers dont les rudesses et la beauté imposent le respect. Les hivers y sont les plus froids de France et les étés souvent de plomb. Je me souviens d'un janvier tellement terrible qu'on ne pouvait se rendre au Montandré qu'à pied dans un mètre de neige. Aucune voiture ne pouvait prendre la route. En arrivant au sommet, à la Croix, j'aperçus deux silhouettes noires et

blanches qui avançaient péniblement. C'était deux religieuses de Servance qui allaient, canne à la main et petite gibecière en bandoulière, pour soigner quelque malade dans des fermes isolées. Soudain, au milieu de ce silence, un bruit inattendu de moteur. C'était la 2 CV de Cécile qui se moquait du verglas et de la neige. Avec Emile assis sur une aile de l'auto en guise de contrepoids. La débrouillardise des montagnards n'est donc pas une légende...

Il était nécessaire d'apprendre à vivre avec cette neige. Chacun usait de la pelle ou du grand balai en branches de bouleau devant chez lui pour dégager le passage. On avait vite fait de frayer un chemin. Du côté de Corravillers, les enfants allaient en classe à pied depuis les lieux-dits «La Goutte» ou encore «les Rondots» ou «Les Besses». Été comme hiver ils connaissaient le chemin et ignoraient le ramassage scolaire. Idem du côté du Haut du Them où aujourd'hui on a transformé le chemin des écoliers en sentier de randonnée. Jusqu'à Château Lambert, le groupe d'écoliers grossissait au fil des hameaux. À chaque ferme isolée, on prenait les jumeaux, plus loin le petit rouquin et un peu après le frère et la sœur. On marchait alors beaucoup, une heure minimum chaque jour, et cela vous forgeait une santé de fer. C'est peut-être ça le secret des montagnards :

une dose quotidienne d'activités intenses qui éloignent les obèses, doublée d'une nourriture bio avant la lettre.

Le travail de la terre est éreintant. Il interdit tout geste, tout effort inutile. Conduire un couple de bœufs est un art comparable à celui des trappeurs sur leur traîneau tiré par les chiens. Il faut un maître, une poigne. Les bœufs ne vont pas à droite si la main de l'homme ou la voix ne leur indique pas la voie à suivre. Ils obéissent à la voix, aux onomatopées, aux rugissements ou aux appels gutturaux. Parfois, des coups de corde ou même de fouet doivent diriger l'attelage. Lors des labours au lieu-dit «La Goutte», le fer se trouve parfois tellement à la verticale du sol qu'il faut la poigne de l'homme pour le redresser. Pour emporter des troncs d'arbres, il faut les sertir avec des chaînes. Pour ferrer les bœufs dans le travail, il faut encore la force du forgeron. Le travail est une sorte d'édifice en bois fait de quatre poteaux forts et d'une charpente en forme de petit toit. On fait entrer l'animal entre les poteaux. Il y est attaché afin qu'il ne puisse plus bouger. On lui relève une patte et il est alors aisé de le ferrer. On lui brûle la corne des sabots, non seulement pour bien ancrer le fer, mais aussi afin d'éliminer tout insecte nuisible. C'est pour la même raison qu'en hiver, on laisse volontairement les

chevaux dans la neige. Celle-ci purifie les sabots ainsi que le souligne le fidèle almanach Vermot.

Devenus aujourd'hui inutiles, les travails s'évanouissent du paysage, rongés par l'humidité et le pourrissement. Et leur disparition éloigne plus encore les animaux de trait de nos mémoires. Il en reste encore un à Château Lambert et un autre à La Montagne mais plus pour longtemps, le temps efface les traces du passé. Le temps, bien entendu, est plus patient avec les vestiges de pierre. Beaucoup d'anciens moulins sont encore là pour nous parler de métiers disparus. À Beulotte la Guillaume, une ribe à chanvre intacte n'a pas été pillée. Elle est là posée entre quatre jolis murs recouverts de mousses. Une énorme roue en pierre tournait, tirée par un âne ou un cheval pour écraser le chanvre dans une sorte de grande cuvette ronde. Le chanvre était alors utilisé pour faire les vêtements.

Autres signes du passé, les calvaires en pierre. On en voit par centaines, disséminés un peu partout à la croisée des chemins ou au cœur des villages. Les plus beaux sont à La Longine, à Fougerolles ou à Faucogney. Ils ont tous une longue histoire à raconter. Dans la vallée de Miellin, à la belle époque des scieries, elles étaient onze jalonnant les cours du ruisseau. Plusieurs moulins dont

la roue tournait grâce à la Doue de l'Eau et au Miellenot, ont disparu. Un seul a été entretenu et entièrement restauré par la famille Tuaillon. C'est un haut-fer comme il en existait énormément en Alsace et dans les Vosges, une roue à aube entraînant un savant mécanisme qui activait une lame de scie capable de couper un tronc d'arbre dans toute sa longueur. Les moulins émaillaient le paysage et les rivières. On en retrouve même des traces au cœur des forêts, avec de grands murs canalisant l'eau et parfois encore de lourds rouages en fer écroulés qui rouillent au fond de l'eau. Encore un monde disparu...

La ribe à chanvre : Breuche.

TERRE GÉNÉREUSE EN PIERRES ET EN TOURBIÈRES

C'est aussi un pays de pierres mystérieuses, géants de granit comme venus d'une autre planète qui se dressent, ça et là, au beau milieu des champs et des forêts. Ou aussi ces roches planes qui affleurent le sol et dont la surface semble avoir été striée par les griffes d'un titan de la période glaciaire. Ou encore ces cercles parfaits que l'on voit parfois dormir au fond des étangs asséchés. Mais, là, l'énigme est vite résolue. C'est la main de l'homme qui a taillé ces roues dans le rocher pour munir les moulins de leur meule, utilisant la même technique que les bâtisseurs des pharaons pour leurs obélisques. Ces cercles de meules sont encore légion dans le pays des Mille Etangs. Leurs zones d'extraction forment aujourd'hui de petits bassins remplis d'eau captant les reflets du soleil.

Il me faut citer la remarquable pierre Mourey, impressionnante, couverte d'arbustes qui ont trouvé moyen de pousser dans quelques fentes. Ces pierres sont aussi le berceau de légendes étonnantes ou farfelues. Ainsi les pierres percées, comme celles de Aroz en plein milieu d'une pâture ou celles de Traves au cœur d'un champ offrent au regard leurs silhouettes aux allures néolithiques ou celtes.

Au sommet de la pierre plate, un trou suffisamment large pour y passer la tête. Se tenir la main à travers le trou apportait le bonheur aux jeunes mariés qui, plus tard, ne manqueraient pas d'y passer leur bébé pour l'assurer d'une longue vie. La «pierre qui vire» est un énorme bloc de calcaire, légèrement incliné vers l'est, sur la route de Noroy-le-Bourg. On prétend qu'une fois tous les cent ans, lors d'une nuit de pleine lune, elle tourne sur elle-même. Je l'ai photographiée richesse du tourisme plutôt que de leur force hydraulique. Celle-ci n'étant plus guère utilisée qu'à la source de la Loue.

L'EAU, LE SEL, LA TERRE

Comme bien souvent, dans les régions isolées, on se contente de peu. Un peu d'eau, de terre, un peu de sel aussi. Comme si la nature le savait, elle n'a pas été avare de ces ingrédients dans la région. Oui, même le sel que l'on trouve du côté d'Arc et Senans et de Salins les Bains. L'eau, j'ai déjà parlé des cascades, des étangs, mais que dire de ces généreuses rivières que sont la Saône et le Doubs aux humeurs parfois un peu impétueuses quand elles débordent sur les plaines de Gray ou de Dôle ? Cette eau qui a aussi creusé de vrais petits canyons difficiles d'accès juste sous le Saut de l'Ognon ou dans la vallée d'Ornans.

Sur la petite montagne du Montandré, là où le petit homme ramasse les feuilles mortes, se trouve une source qui coule en permanence dans un grand bassin de grès dans lequel Emile Mougenot maintient ses bidons de lait au frais. Les cyclistes s'y arrêtent volontiers pour remplir leurs gourdes avant de s'en aller, effrayés par les rugissements des briards derrière la porte de bois. Le moindre ruisselet possède ses histoires.

Histoires et coutumes qui sont aussi un peu du sel de cette terre et que l'on se transmet lors des longues soirées d'hiver ou bien par habitude. Il n'est pas rare, en effet, d'encore voir des pattes de lapin accrochées aux portes des granges pour protéger l'endroit ou conjurer le sort. Des récits de sorcellerie continuent de hanter les veillées. Leur origine est bien souvent réelle. Mais que serait une histoire vraie si on n'y ajoutait pas une once d'imaginaire ? Ainsi, je me souviens de la disparition de la vieille Adèle. Cette pauvre femme qui vivait seule au coin de son «trois feux» dans une ferme à cent lieues du plus proche village. Un matin d'hiver, elle voulut s'y rendre malgré tout. La neige était tellement abondante qu'elle avait effacé les chemins. Adèle se perdit et ne se rendit point compte qu'elle traversait un lac gelé. La glace se brisa, emportant Adèle au fond de ses eaux. Un dessin dans l'almanach illustre encore cette triste histoire. La vision de cette main dépassant de la glace me revient bien souvent au milieu de mes nuits...

Même si le temps qui passe ne permet plus toujours de faire la part entre légende et réalité, Emile et Marie adoraient raconter ce genre d'histoires. Ils en connaissaient par centaines. Leur village n'avait plus aucun secret.

Les bidons de lait au frais en été dans les fontaines, dans la neige en hiver. ▶

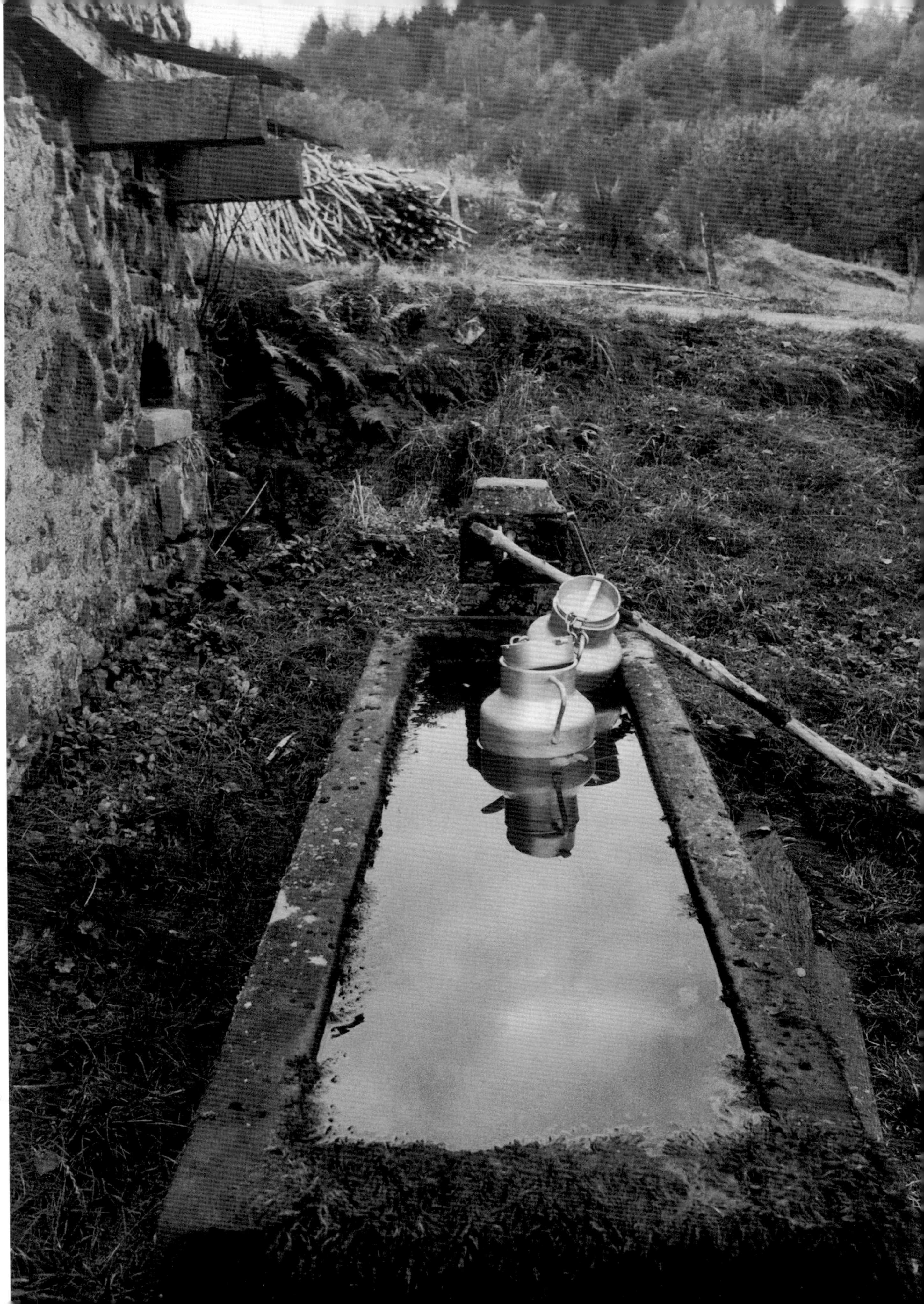

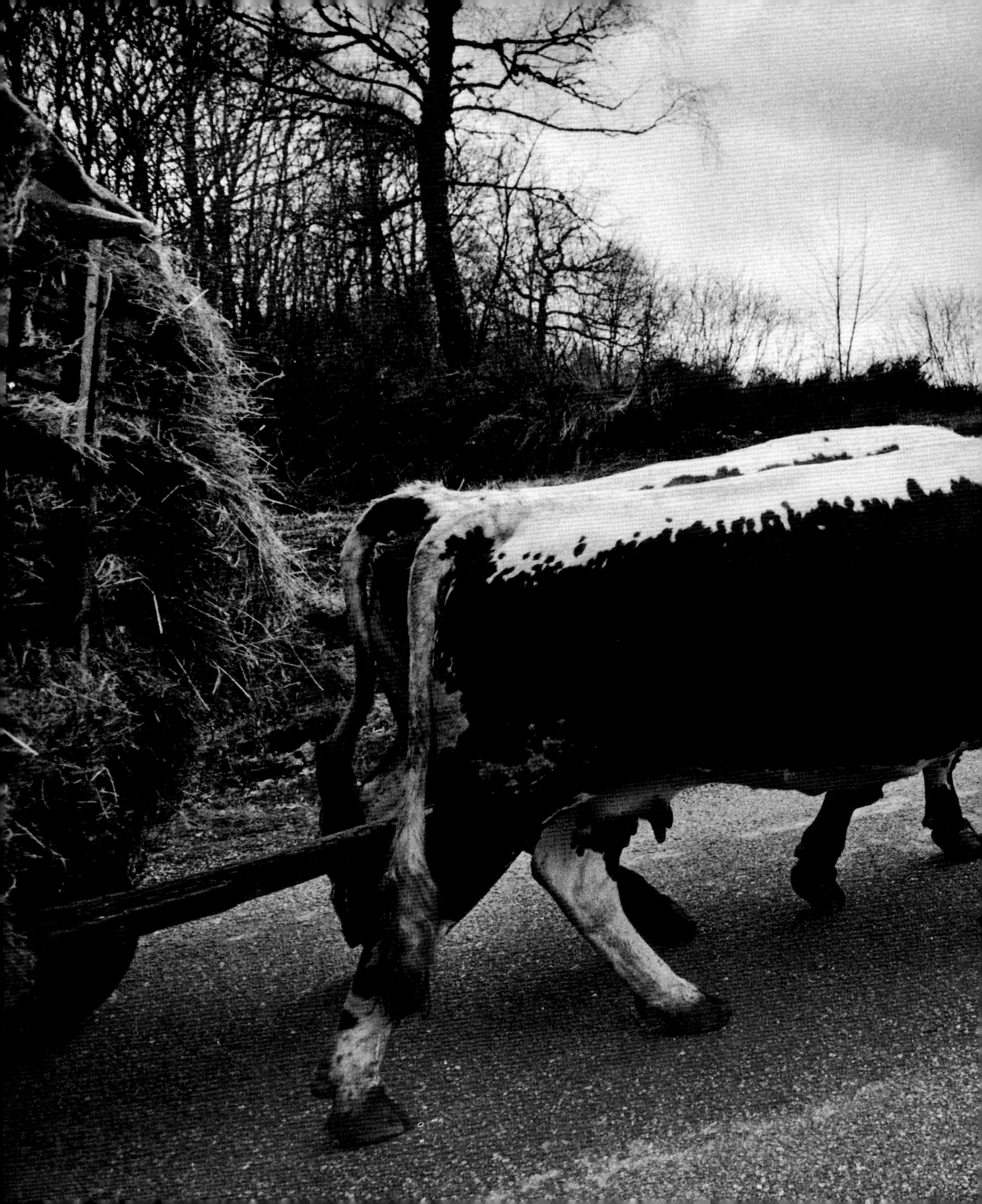

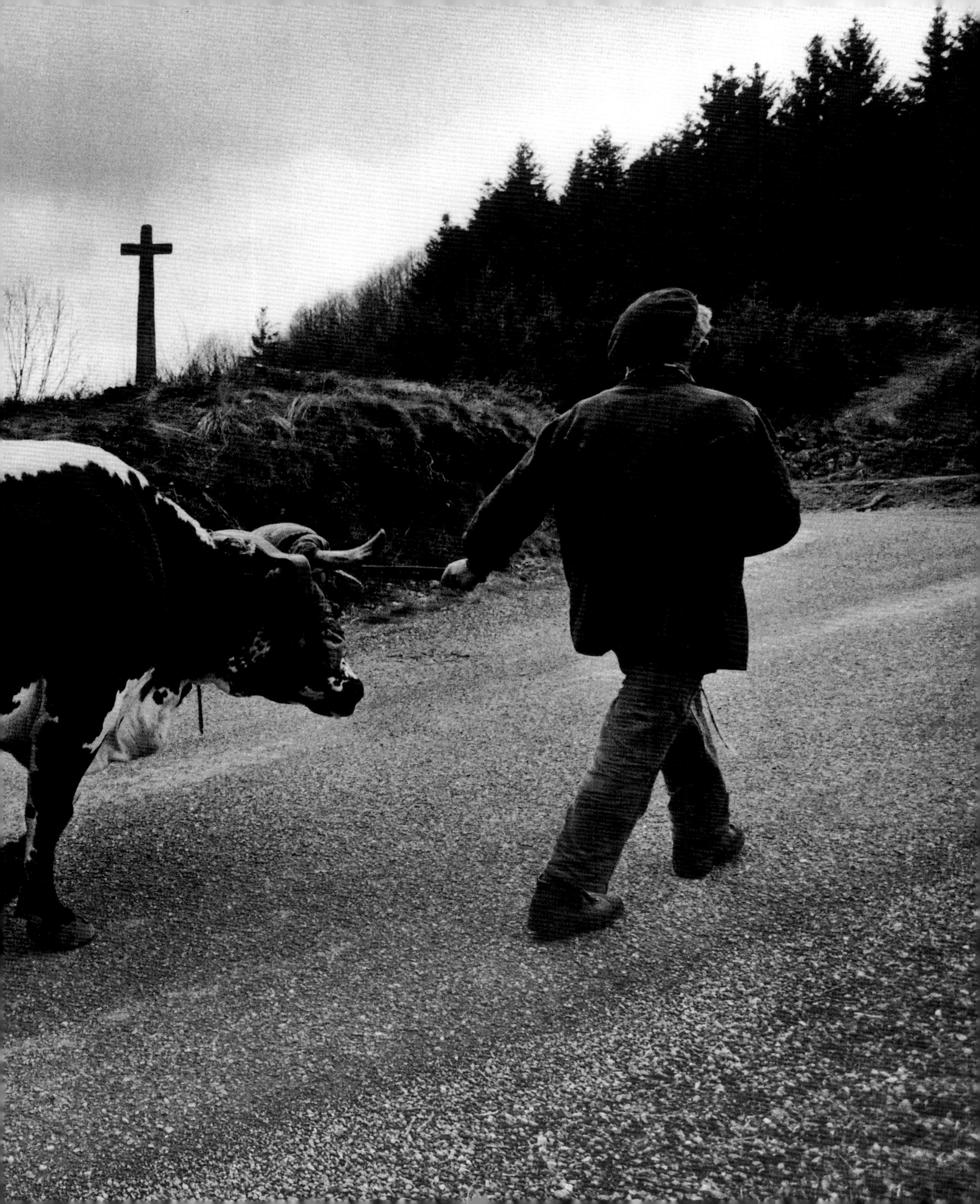

Néanmoins, il ne faudrait pas croire que le reste de la planète leur était indifférent. Outre l'almanach Vermot, ils lisaient quotidiennement l'Est Républicain dans son édition de Haute-Saône. Les nouvelles de la région, du pays et du monde retenaient leur attention. Je me suis souvent demandé pourquoi, dans la salle à manger qui sentait bon la cire et où séchait patiemment la récolte des noix, se trouvait un poste de télévision. Ils ne la regardaient jamais. Mais il est vrai que la campagne obéit au rythme du soleil. Elle se lève et se couche avec lui. C'est le matin. La bouilloire siffle sur la cuisinière à bois. L'eau est chaude. C'est le moment du premier café. Sur le mur blanc, une vieille horloge franc-comtoise au tic-tac qui hoquette

inlassablement. Trois grosses cloches en bronze pour mettre au cou des vaches décorent l'entrée. Certainement d'anciens trophées d'un concours agricole ou, peut-être d'une Sainte-Catherine de Vesoul où Emile aimait se rendre comme à un pèlerinage pour y suivre l'évolution de ce monde qui fut toute sa vie.

Il m'avait demandé, un jour de 11 novembre, de le photographier sur la Place des Allées à Vesoul où l'on devait lui remettre la Légion d'Honneur. Pour quel acte de courage ? Je l'ignore encore aujourd'hui. Après la cérémonie, il partit déjeuner avec quelques amis à la Maison du

Pages 56-57 : D'une vallée à l'autre les bœufs transportaient le fourrage. On les entendaient de loin, comme un souffle de forge avec de temps en temps les sons gutturaux de l'homme qui dirigeait le convoi.

Combattant. J'ai toujours eu une grande admiration pour cet homme. Même sans sa médaille, sa simplicité, son humilité m'émouvaient. Sa vie était modeste et paisible, mais il savait en goûter chaque instant de bonheur, de tendresse.

Tendresse pour Marie avec qui il se montrait toujours d'une prévenance aussi rare que sincère. J'entends encore sa voix lui demander : «Voulez-vous du sucre avec votre café, Marie ? Un peu de lait ?» Même s'il devait connaître par cœur la réponse, jamais un signe d'agacement, jamais un mot déplacé ou méchant. Tendresse pour Cécile, sa fille. Et tout le bonheur du monde dans ses yeux lorsqu'elle revenait de la ville pour se retrouver fermière quelques jours durant

au moment des regains ou de la récolte des pommes de terre.

Cette quiétude me semblait immuable jusqu'à ce que le destin y aille d'un coup de dés cruel. Contre la logique de la vie, la maladie emporta Cécile bien avant ses parents. Est-il douleur plus âpre que celle-là pour un père et une mère ? Ils ne se remettront jamais de ce deuil. Pour eux, sans doute, ce jour-là, la montagne a-t-elle cessé d'être belle.

Dans ces villages retirés, l'adieu aux disparus est toujours un événement qu'il convient d'honorer d'un cérémonial digne dans sa simplicité et noble dans sa tristesse. Loin des

*Les Evaudois.
Comme le bois, commes les patates,
le lait est un travail quotidien, fastidieux.*

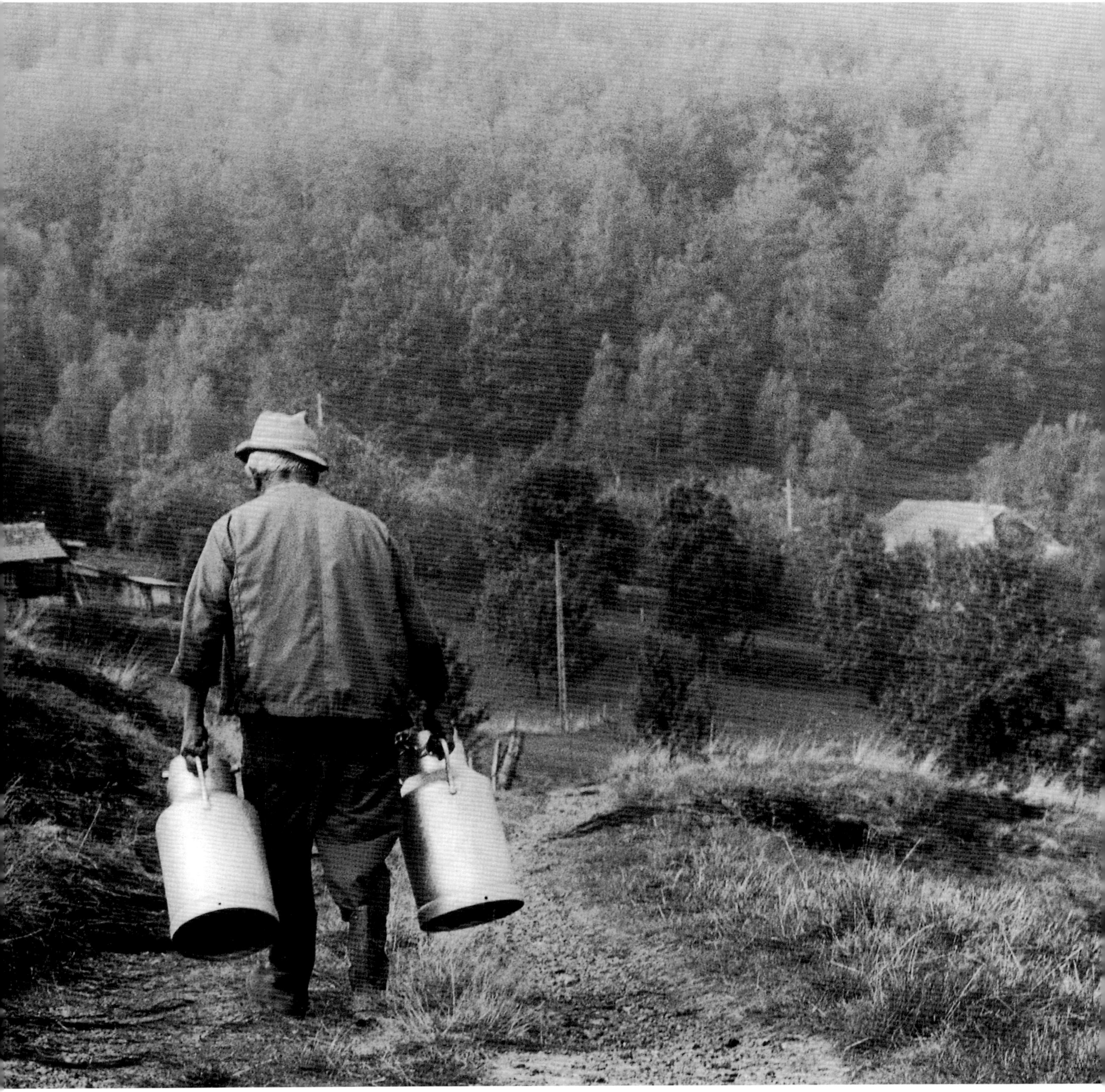

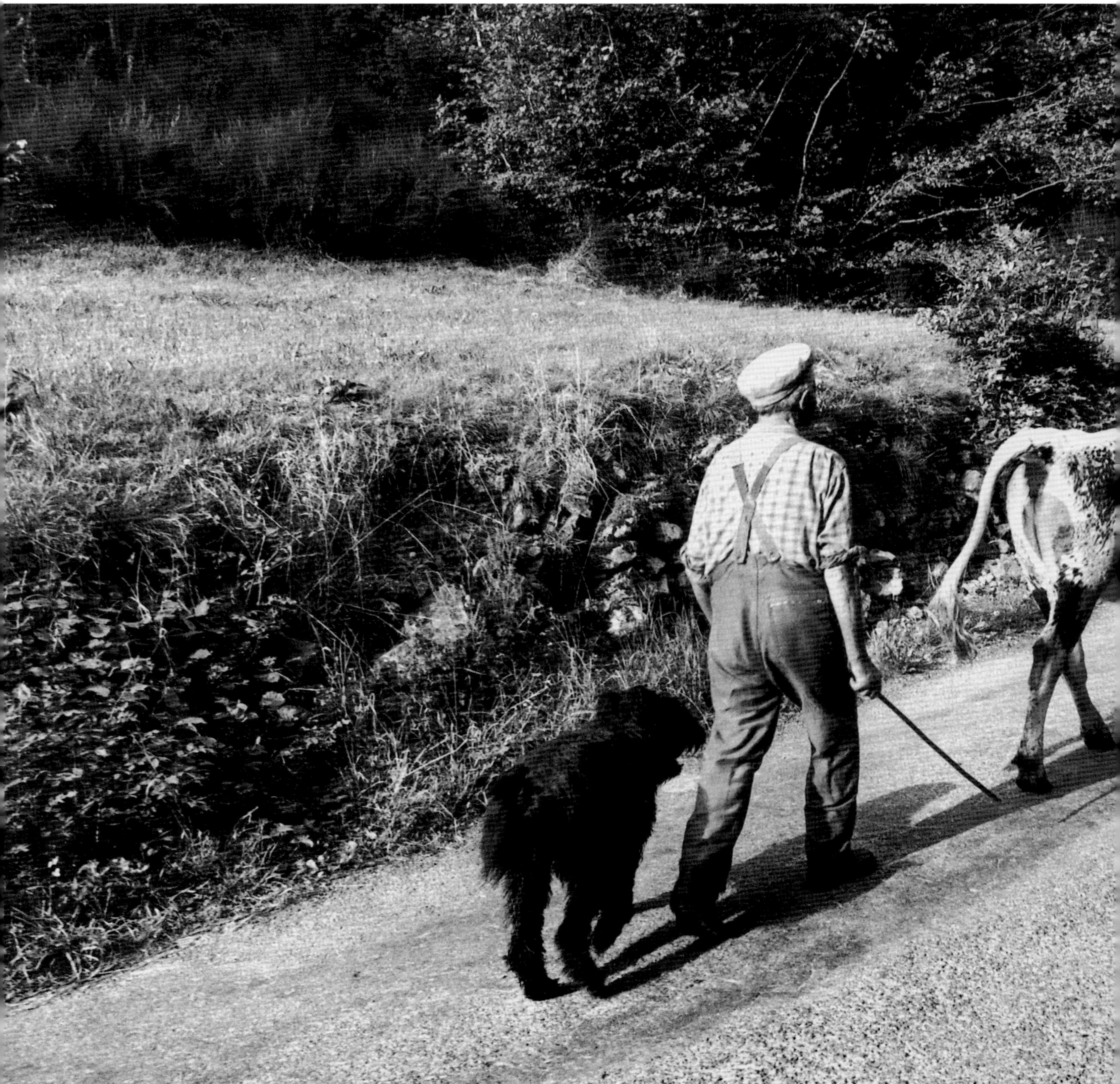

Le chien, fidèle compagnon de l'homme, est précieux dans la conduite des troupeaux si petits soient-ils.

La Montagne.
Les frères Dirand à l'ouvrage.
Aujourd'hui les gestes sont les mêmes
mais les tracteurs, déjà voués au
musée, ont remplacé le cheval.

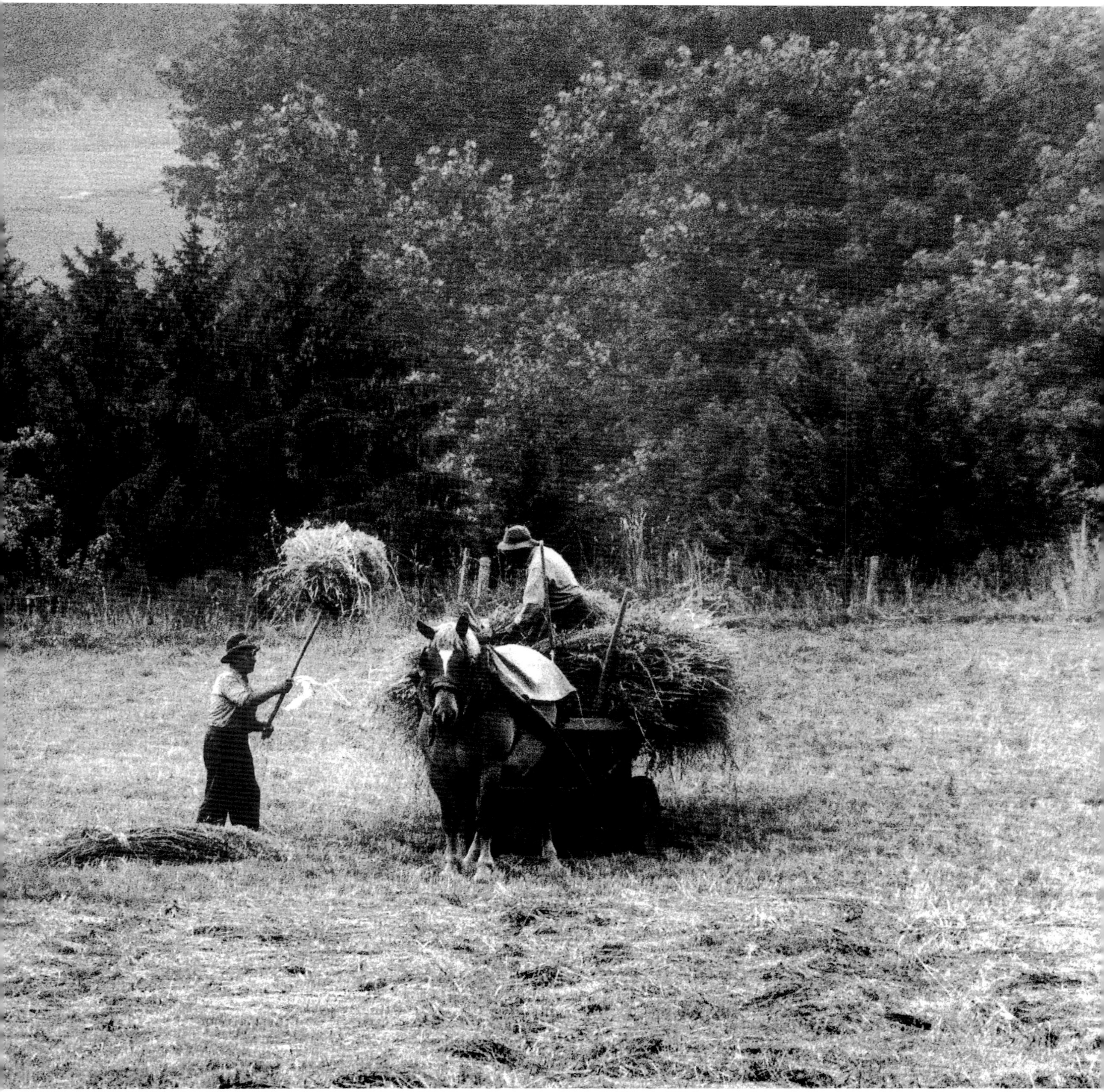

formalités mécaniques et anonymes des grandes villes où le vent n'a même plus conscience d'éparpiller des cendres. On accompagne encore, ici, le défunt jusqu'à sa dernière et unique demeure : la terre.

J'ai aussi assisté à de surprenantes inhumations. Comme à Faucogney, par exemple, où, là, c'est un cheval qui tire le char des morts pour monter le rude chemin de croix qui mène à la chapelle Saint-Martin, perchée tout au sommet d'une pente fort raide. Cinquante virages pour monter et autant pour redescendre comme me le rappelle Madame Euvrard qui a passé le plus long de sa vie à Vesoul et habite une grosse maison dans le bourg. Cent virages donc, comme peut-être autant de méandres de vies.

Je n'aime guère réaliser des photos d'enterrement. J'en fis pourtant quelques-unes lorsque le père Vitali, ce vieux bûcheron vivant, comme moi, à Noroy-le-Bourg quitta le village définitivement. Lorsque je vis son cercueil posé sur un petit chariot de bois tiré par deux jeunes gens, je me suis dit que prendre mon appareil photo était une manière de l'accompagner et de lui rendre hommage.

Le père Vitali était une figure locale comme on n'en rencontre plus guère aujourd'hui. Sa longue barbe blanche, son allure de gitan étaient connues dans toute la région. J'ai photographié cet homme plus souvent qu'à mon tour et même écrit sur lui dans le journal. Il avait quitté un jour son Italie natale dans l'espoir de trouver du travail en terre de France. Il s'était arrêté ici, seul, retiré dans une petite maison sombre à l'orée du village, au bord de la forêt. Le physique rude de cet homme cachait une âme sensible que le temps passé avec lui me fit découvrir.

Portrait de Victor Vitali à la Rembrandt.

Fort comme un Turc, il était arrivé ici avec une simple hache pour unique bagage. Sa force devint vite proverbiale. Tout le monde faisait appel à lui. Il n'échangera cet outil rudimentaire que bien plus tard, modernisme oblige, pour une tronçonneuse qu'il aimait parfois brandir d'une seule main au-dessus de sa tête. On le voyait alors, souriant et fier comme un homme des bois. Il était donc venu avec sa hache, sans un mot de français dans la bouche. Souvent, longuement, il me parlait de cette dure réalité que connaît l'homme qui quitte sa terre pour d'autres étrangères où il s'arrêterait un jour plutôt guidé par le hasard. Une complicité muette s'installa alors peu à peu entre nous. Je l'écoutais parler. Je prenais des photos. Et, peut-être, ces portraits donnaient-ils à sa vie une valeur secrète ? Ou, plus simplement, l'impression de vraiment exister.

Quand venait le temps des distillations, une fois ses alchimies accomplies, il ne manquait pas de venir chez moi avec une bonne bouteille de «goutte» toute fraîche, mélange mystérieux de prunes devant lequel on se taisait. Chaque année, c'était devenu un rituel : je m'empressais de coller une étiquette sur la bouteille. Ma main écrivait ensuite la formule de notre connivence : «Eau-de-vie... Tali». Venait ensuite l'année du millésime. Il me reste encore quelques-uns de ces flacons dans ma cave. Je devrais plutôt dire de fioles tant les parfums qui y sont conservés semblent, magiquement, ne jamais devoir s'évaporer ni vieillir. Me revenait alors en mémoire l'histoire de mon père qui, lors des années de guerre, avait retrouvé, emmurées dans une ferme de Bordeaux où il se cachait, une dizaine de bouteilles d'eau-de-vie. Elles étaient vieilles d'un demi-siècle, mais conservaient toujours ce parfum de demoiselle qu'ont les fruits délicieux que l'on vient de cueillir.

J'étais arrivé en ces terres certain de n'y rester que quelques mois, croyant alors, en mon jeune âge, que la vraie vie n'était que dans la ville. Voilà près de quarante ans aujourd'hui que je n'ai plus quitté la terre, la campagne et ses gens et son peuple qui m'ont plus appris de la vie que tous les semblants de lumière des immenses cités.

Cet amour de la terre et de cette vie au cœur de la nature m'a poussé à rencontrer les gens, et, surtout, à leur parler. Personnellement, je considère qu'un vrai dialogue est un préalable essentiel à toute bonne photographie. Il y a, dans l'approche photographique, quelque chose du discours amoureux. On n'aborde pas son sujet à la première œillade.

Dans mon métier, je ne suis pas le seul «amoureux» de cette région. Bien avant moi, tout au début du siècle dernier, Adrien Pernot parcourut toutes les Vosges Saônoises de long en large, le dos courbé sous le poids de son lourd appareil à plaques de verre. On en retrouvera près de quatre cents d'entre elles oubliées au fond d'un grenier. Un véritable miracle, étant donné la fragilité du support. L'époque de Pernot a sans doute dû fermer les yeux sur ces clichés admirables de simplicité, jugeant peut-être le sujet trop banal. Sans doute, pas plus que moi, n'avait-il la prétention de fixer l'Histoire. Lui, parce que son temps pensait que les travaux des champs resteraient immuables ; moi, parce que, en découvrant la campagne inconnue, je n'avais pas pressenti sa mort prochaine...

«Je ne suis pas photographe, écrivain, peintre. Je suis empailleur des choses que la vie m'offre en passant», écrivait Jacques Henri Lartigue, autre témoin de son temps. Le pays est

tellement vaste qu'il serait prétentieux de se prétendre «photographe de la France». C'est à peine si une vie suffit pour vraiment connaître un coin de ce pays. Je songe aux Ardennes d'Edmond Dauchot, à la Provence de Hans Silvester, aux Pyrénées de Jean Dieuzaide, à la Bretagne et à la Normandie de Pierre Le Gall. Tant d'autres régions, tant d'autres artistes encore... La Franche-Comté n'a pas été oubliée. Roland Conilleau a célébré les Vosges, Gustave Citeau, La Haute-Saône. Sans oublier Paul Stainacre, le chantre de Pontarlier. Ce dernier était non seulement un fameux photographe, mais aussi un aventurier qui n'hésitait pas, chaussé de skis de bois et chambre sur le dos à se hisser jusqu'aux sommets enneigés des montagnes. Quelle santé ! Nous nous retrouvions aussi parfois avec un autre ami commun : Pierre Bichet, artiste étonnant que l'on surnomme le «peintre des neiges».

En arrivant dans la petite vallée de Servance, dans ces petites montagnes du bout des Vosges, là où le massif s'étend vers la plaine de la Saône, la brume, comme du coton, imbibe le paysage d'une mystérieuse ambiance. On a presque envie de se retourner pour vérifier si l'on n'est pas suivi, comme une sorte de peur. Et pourtant il n'y a rien ni personne tant cette région est calme et sereine. Justement peut-être si paisible que l'on se sent perdu. Inutile ici de rechercher la foule, elle n'existe jamais sauf les rares jours de fêtes comme celle des faucheurs, ou encore celle du bois. Ah, il y a aussi la fameuse foire de St Bresson, tout le monde s'y presse, on se resserre autour des bêtes et des flonflons. On s'encanaille et on picole un peu autour du petit cimetière qui n'a jamais été aussi vivant. Griserie de la foule. Mais le silence revient vite dans ces petites vallées, il reprend le dessus et impose une quiétude probablement proche du secret d'un certain bonheur : on dit qu'il est dans le pré mais est-ce que vivre dans la tranquillité, sans ce stress qui nous assaille sans cesse, est-ce là la sagesse ? Ce qui ne sera pas fait aujourd'hui le sera demain.

Les petites vaches de race vosgienne sont prêtes pour le concours de la foire de Saint-Bresson.

Les hommes de la montagne ont dans la peau cette sapience. Ils savent apprécier les moindres petits moments de la vie, faire cette petite pause qui agrémente une journée.

Dans cette vie de labeurs incessants, les repas font partie des temps forts de la journée. Impensable de commencer celle-ci le ventre vide. Pas question d'engloutir un sandwich en marchant ou en regardant la télévision. De manger sans savoir que l'on mange. Ici, les repas ont quelque chose de religieux. On coupe d'abord le pain. Lentement. En le posant bien à plat sur la table car le retourner serait une offense faite au pain. Un blasphème envers celui qui nous

l'a donné. Le couteau, un genre d'opinel, est un instrument sacré. Il sert à tout et les hommes ne s'en séparent jamais. Un voisin me raconta que son couteau lui avait sauvé la vie le jour où, seul avec son cheval dans la montagne, il s'était retrouvé malencontreusement prisonnier d'une corde lui enserrant la jambe. Plus le cheval bougeait, plus la corde agissait comme un mortel garrot. C'est alors que le voisin se souvint de la précieuse lame qu'il tenait repliée dans sa poche...

Le dîner est souvent plus copieux que le midi. La journée se termine. On ne doit plus sortir aux champs. On a plus de temps devant soi. Alors on mange, lentement, sobrement, savourant tous les arômes que les grandes surfaces alimentaires ont tués. Ici, tout vient des jardins. Ici, le mot «saveur» a encore du sens. On se retrouve souvent autour d'une merveilleuse soupe de légumes. Étourdi que je suis de n'en avoir jamais noté la recette ! Une soupe, une vraie. Pas un potage. On en trouve peut-être encore de semblables chez les bonnes grands-mères du Nord, chez les Ch'tis, les seuls qui savent couper et faire les légumes comme s'ils étaient des fruits

précieux. La soupe de campagne comme en mijotait ma grand-mère maternelle, Marie, chez qui de simples pommes de terre rôties étaient un plat de roi. Tout était alors probablement une question de cocotte, de patience, d'attention. Jamais, alors, on ne quittait le fourneau, la spatule de bois. Les odeurs de cuisson aiguisaient l'appétit. Le poêle à bois et le chat ronronnaient de concert. Aujourd'hui, combien interminables semblent les trois minutes à peine qui nous séparent du cri strident des fours à micro-ondes qui nous annoncent que tout est cuit.

Ces odeurs, ces parfums me ramènent tout à coup au Montandré où, par une froide journée de janvier, j'étais allé rendre visite à mes amis. Marie venait de terminer sa pâte à gaufres. Je suis resté là à la regarder s'affairer devant le gaufrier tout noir, tout bruni par tant de cuissons. Etait-ce là son secret ? Conserver les sucs et les sucres des autres pâtes pour qu'ils renaissent plus doux encore à chaque fois ? Modernisme oblige, elle avait abandonné le fer antique qu'elle plaçait à même la cuisinière à bois pour un électrique. Mais elle le huilait encore à l'ancienne : à l'aide d'une simple couenne de lard dont le grésillement soulignait plus encore le tiède parfum qui émanait de la pâte ? Alors venait le moment tant attendu. Celui de la gaufre toute chaude, dorée et saupoudrée de sucre, de vanille, rehaussée d'un verre de cidre. Il n'y a pas que dans les prés que le bonheur se trouve...

NOSTALGIE

Quand tu nous tiens ! Il ne faut pas vivre avec elle car, justement, elle vous empêche de vivre. Pour d'autres cependant elle les aide à aimer un coin de terre, une région. Lorsque je retourne sur les lieux de mes méfaits photographiques, j'éprouve forcément un brin de nostalgie. Je m'attends à chaque détour de chemin à revoir apparaître le petit homme qui ramassait des feuilles. Je vois sa silhouette dans la brume. Chaque lopin de terre me remet en mémoire une scène qui s'est déroulée là et qui ne se reproduira jamais. C'est pareil en amour. D'ailleurs tout est amour dans cette démarche. Quand vous vous êtes promené à un endroit main dans la main avec une personne aimée, vous ne pouvez y repasser sans songer à ce moment-là. Très éphémère, presque effacé. On a aimé quelqu'un et l'on voudrait l'aimer encore et, pourtant, tout a disparu.

Nostalgie, moi qui venais des mines, tu mines ma mémoire. Ô combien je regrette ce temps où passaient les bœufs sous un ciel chargé de nuages plus lourds que leur joug ! Ce temps où je découvrais un cœur gravé sur la mousse d'un arbre tourné vers le nord. Ce temps où je lançais des cailloux sur l'eau noire des étangs pour faire rire Natacha...

Mais, jamais, la vie ne s'arrête. Arrivent d'autres choses, d'autres gens qui, sans le savoir, vous gardent l'œil ouvert et vous maintiennent dans l'émerveillement. Il y a Séléna, Lilian,

Corinne, Manuela, Odile, Mylène. Il y a un petit hérisson, une tortue, un nouveau petit chien. Et la vie repart. Autrement, peut-être, mais semblable aux ruisseaux des prairies.

Maintenant, il faut vivre autre chose et c'est peut-être cela aussi le secret d'une vie bien remplie. Une vie faite de petits instants lumineux qu'il faut tout d'abord saisir avant de les savourer puis de les conserver dans toute leur tendresse et sans l'ombre d'un regret.

Alors, la nostalgie n'est-elle plus un lent poison, mais une mémoire ancrée dans celle des gens, des endroits que l'on a aimés. Bien souvent par hasard. Mais de ce hasard lumineux qui peut changer le cours d'une vie.

Sans le petit homme qui ramassait les feuilles mortes, il n'y aurait jamais eu toutes ces images de la terre...

Marc Paygnard
Echenoz-la-Méline, Cassis, Saint-Jean-de-Cuculles

A l'opposé des Mille Étangs, tout près de la Haute-Marne, un gardien de troupeau à Champlitte.

Retour à la ferme.

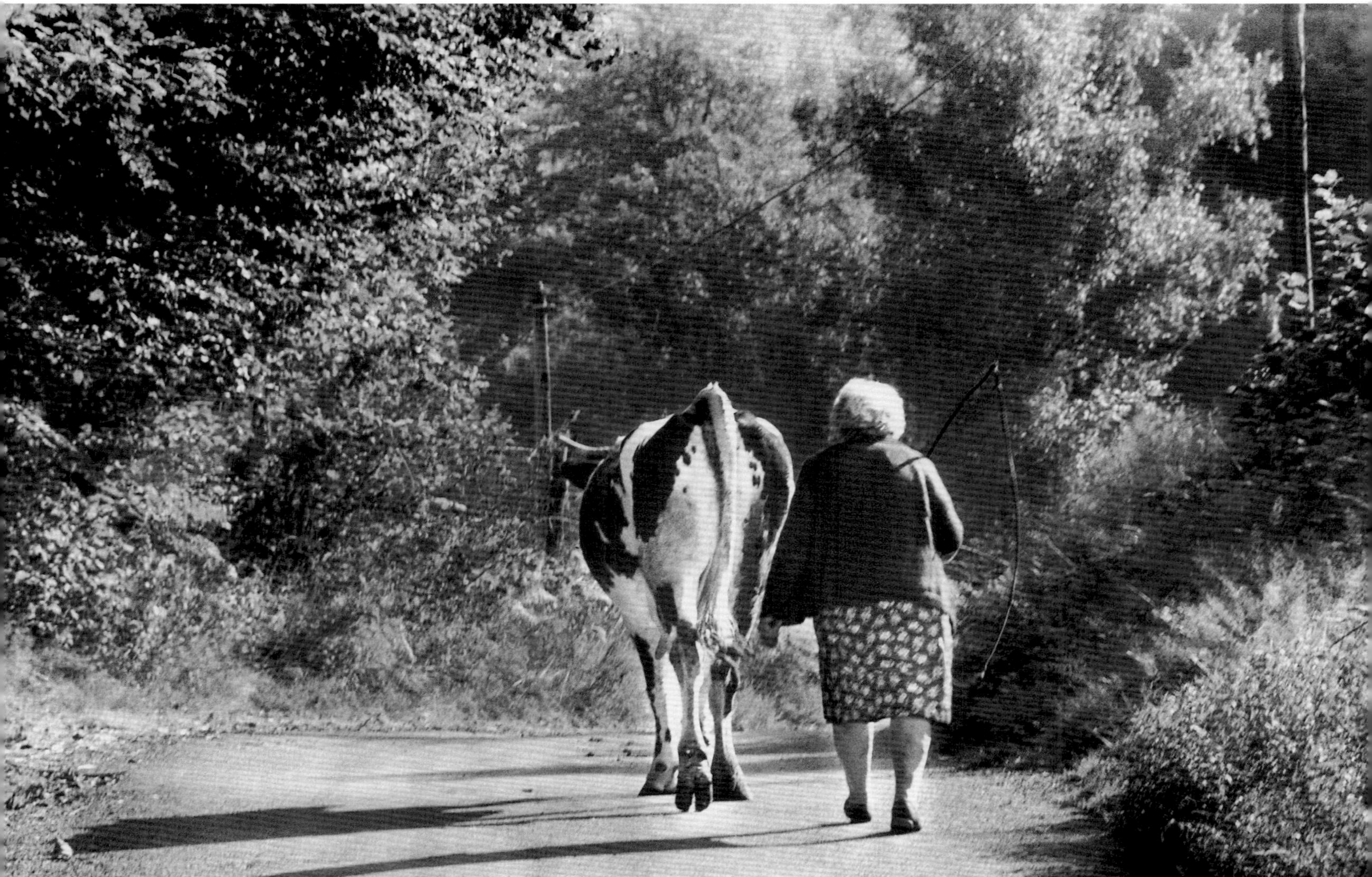

*Le béret d'André Chanchevel, la capette de Thérèse Virot,
le chapeau mou, tous étaient coiffés. Chemise à carreaux et bretelles,
une mode sobre et surtout adaptée aux travaux de la terre.*

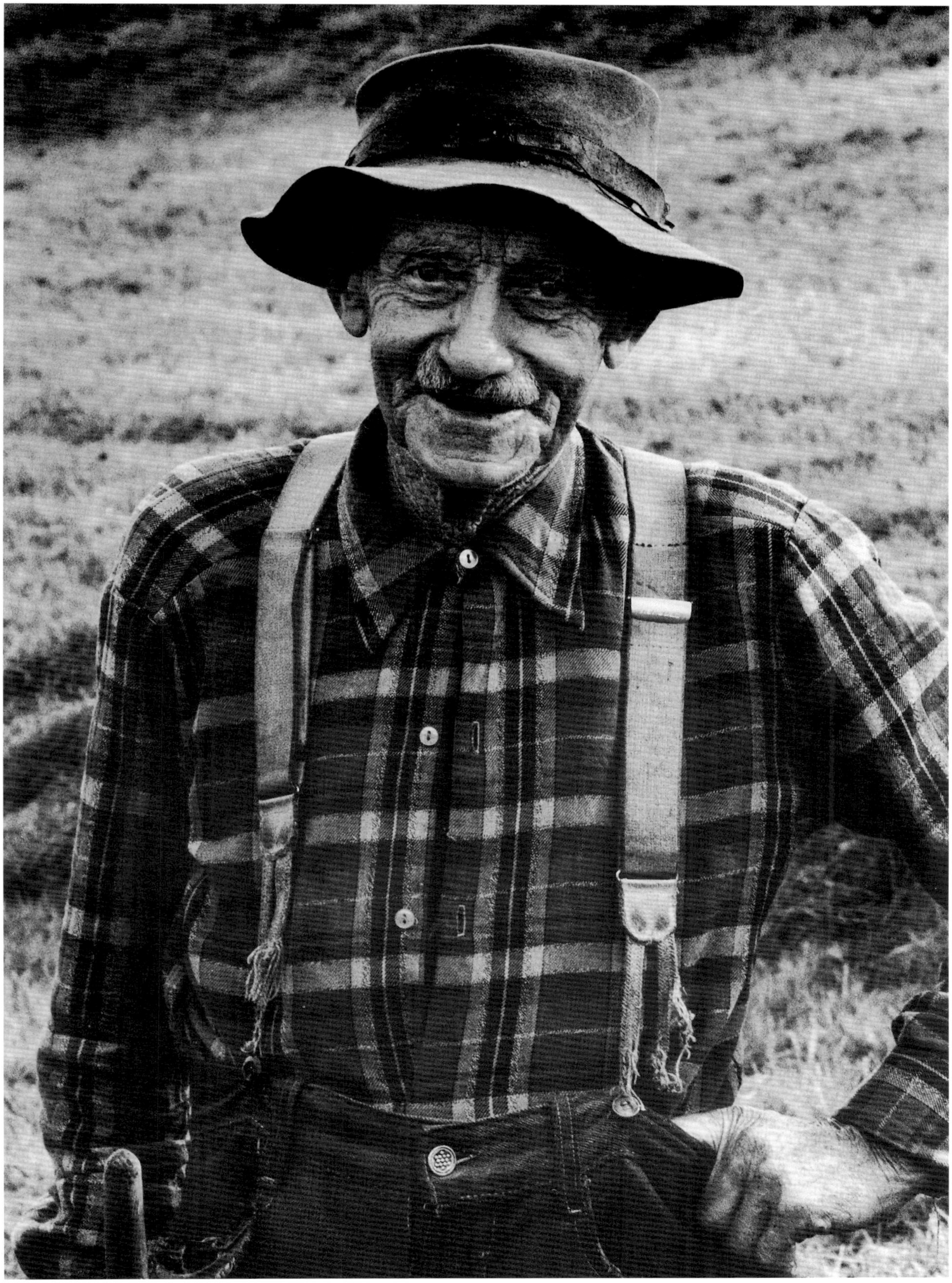

Le scieur de Faucogney et l'affûteur des environs de Rioz et Montbozon, ne se sont jamais connus et pourtant à la même époque ils avaient l'art d'aiguiser les scies. Il fallait être patient pour limer, peut-être leur secret de longévité.

81

82

A Fougerolles, au pied des Vosges, les eaux de vie ont une renommée qui va bien au-delà de l'Est. La distillation est ici un art presque... sacré. Autrefois, chaque village avait son propre alambic.

Le village de La Creuse près de Pomoy.

Retour des champs à Noroy-le-Bourg.

*Beulotte-Saint-Laurent,
les générations se transmettent l'histoire.*

Pause et pose devant le local de distillation à Fougerolles.

Pages 88-89 : Le temps des foins sur la ligne de partage des eaux entre Vosges et Haute-Saône, près de la chapelle Beauregard.

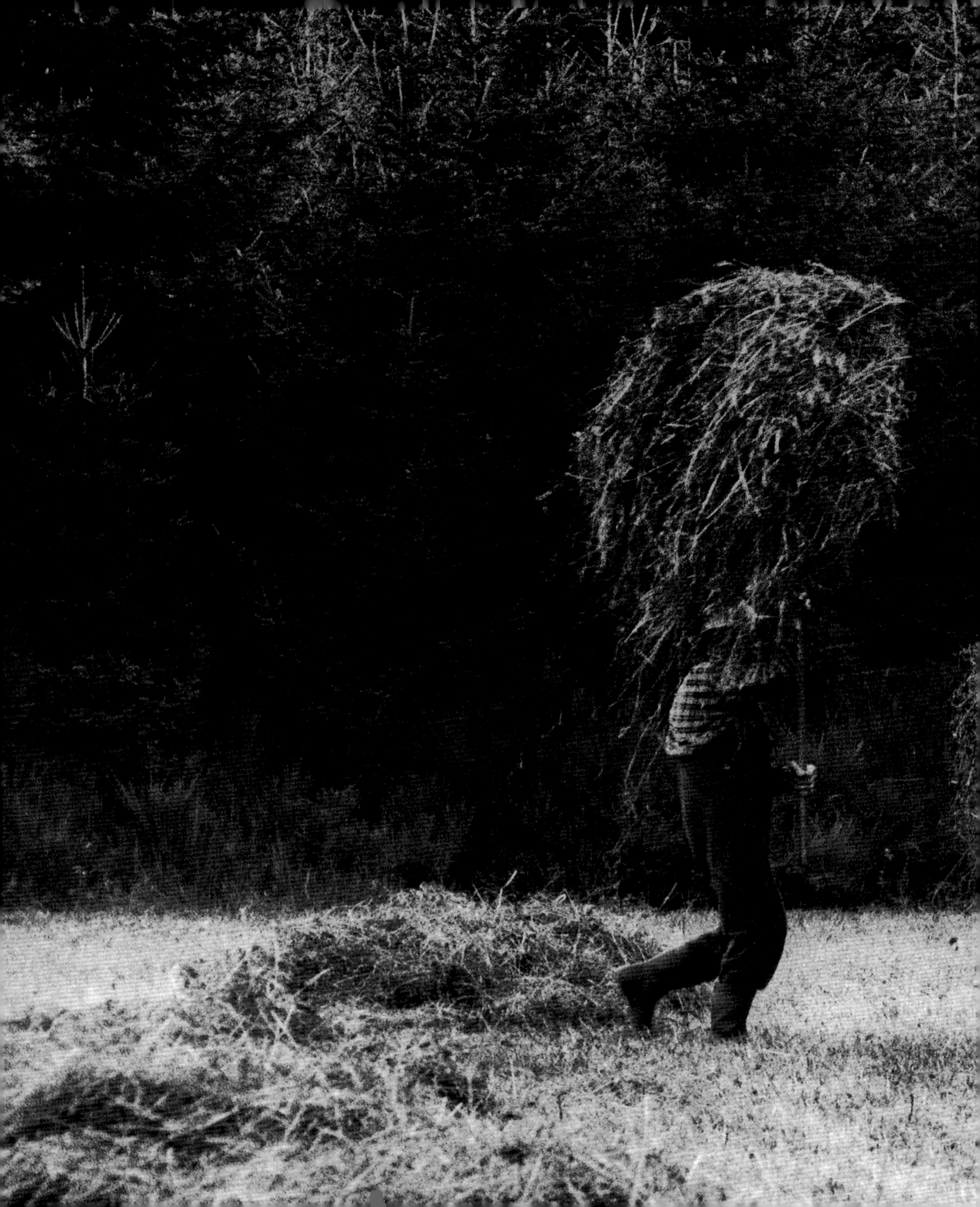

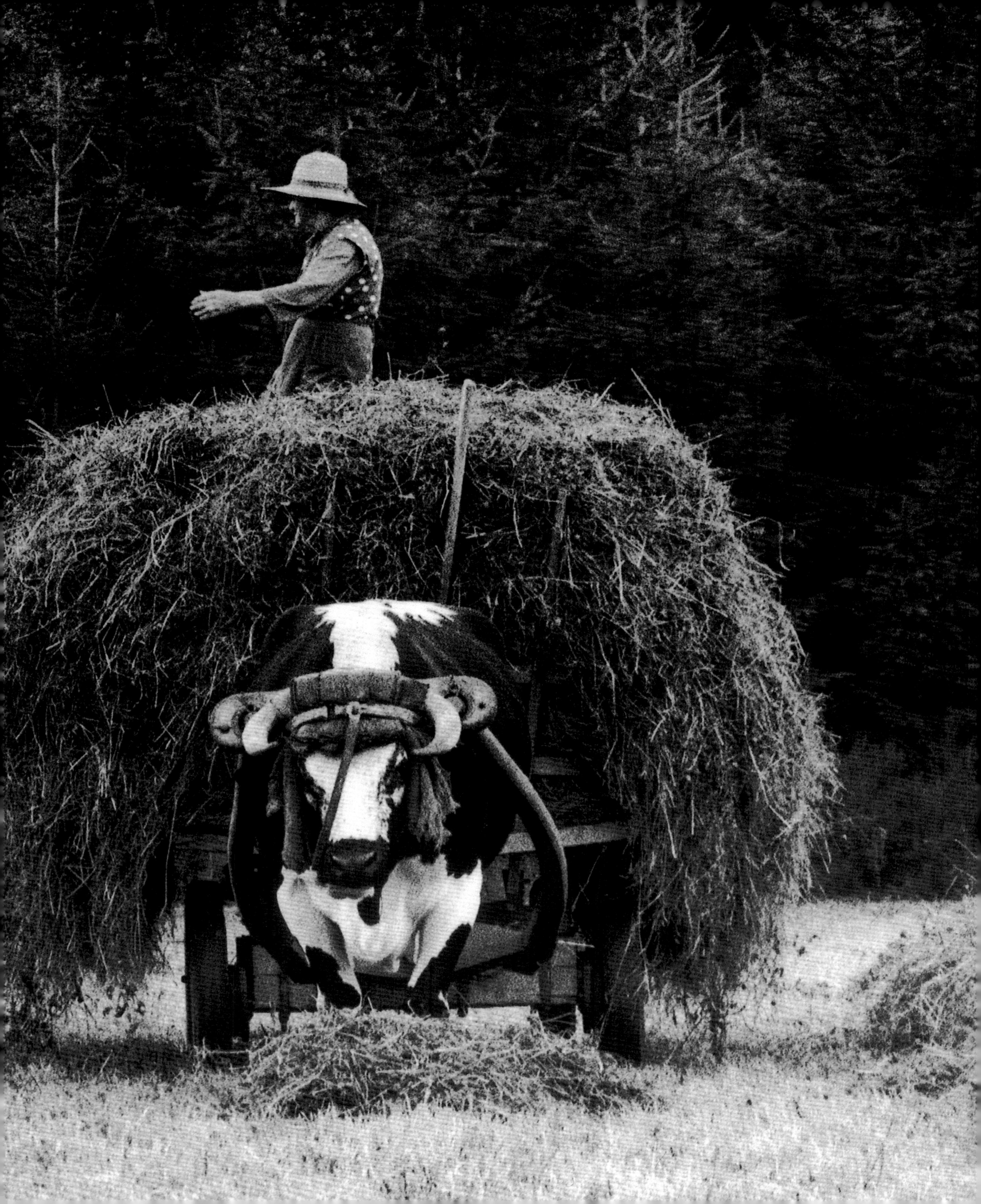

Les moissons, tout à la main et à la faux : La Goutte.

Le travail des champs en été, souvent par couples.

Aujourd'hui les machines fabriquent des meules entourées de matière plastique.

Le temps où les moissons étaient encore entièrement manuelles, en haut.
Aux portes de Vesoul vers Andelarre près d'Amage, en bas.

Noroy-le-Bourg.

La Montagne. Les frères Dirand à l'ouvrage.

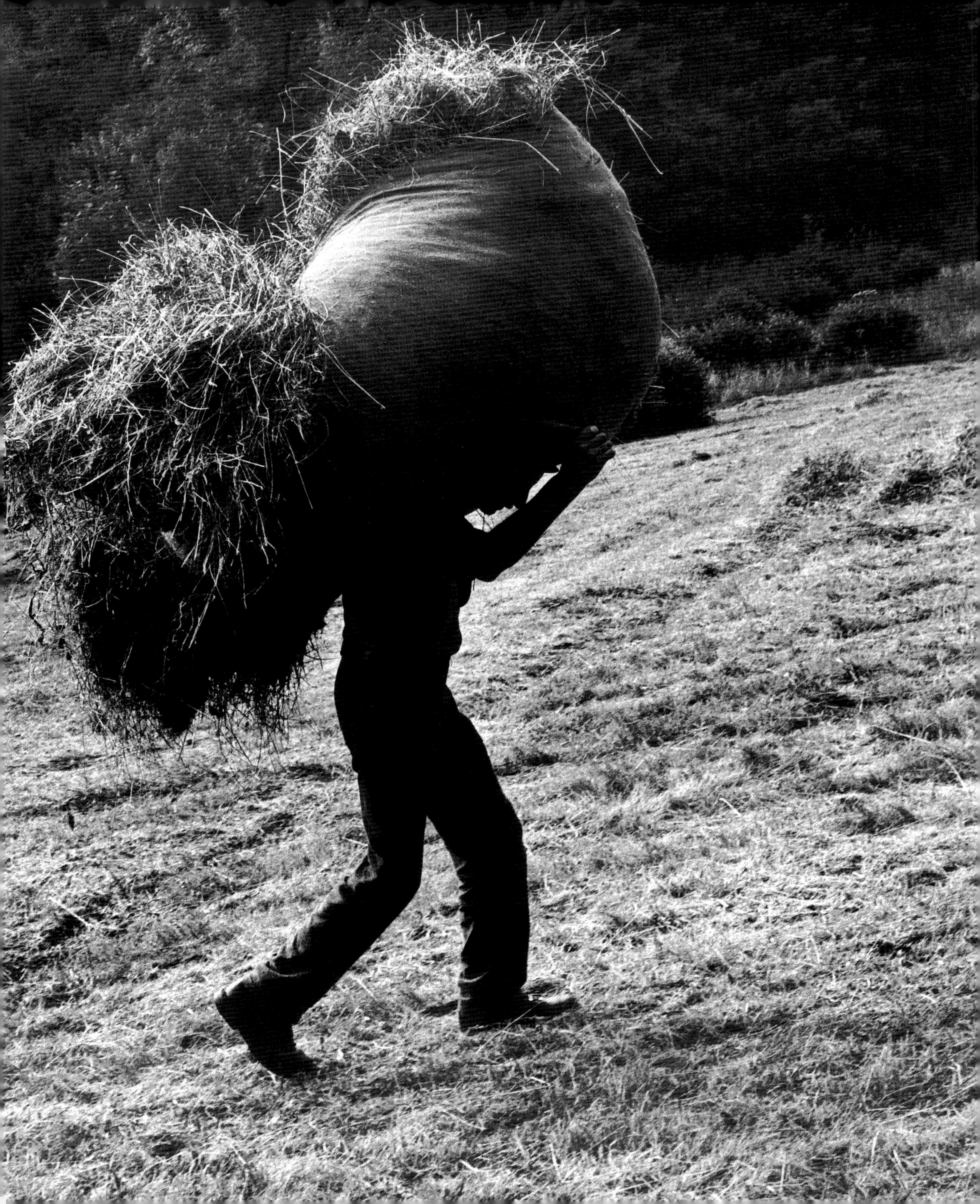

LE FURET

C'est une grande pièce de toile que l'on pose sur le pré au moment des foins ou des regains. Ces derniers une fois séchés sont déposés en tas sur la toile qui est refermée en tirant les quatre coins vers le dessus. On forme ainsi un gros ballot que l'on peut transporter à dos d'homme. Il faut cependant une certaine habileté et de la force pour hisser le paquet sur le dos. En effet pour emporter le furet sur le dos, l'homme doit s'allonger sur le sol et se relever avec le paquetage. La méthode était beaucoup employée sur les versants pentus des petites montagnes des Vosges et du Jura. Ici, dans la côte qui grimpe assez rudement de Servance au Monthury, tous les prés le plus souvent bien exposés au Sud, sont pentus et des rigoles traversent même les pâtures permettant l'écoulement des pluies souvent abondantes dans ces zones humides.

la montée entre Servance et le Monthury.

Dessus de Servance.

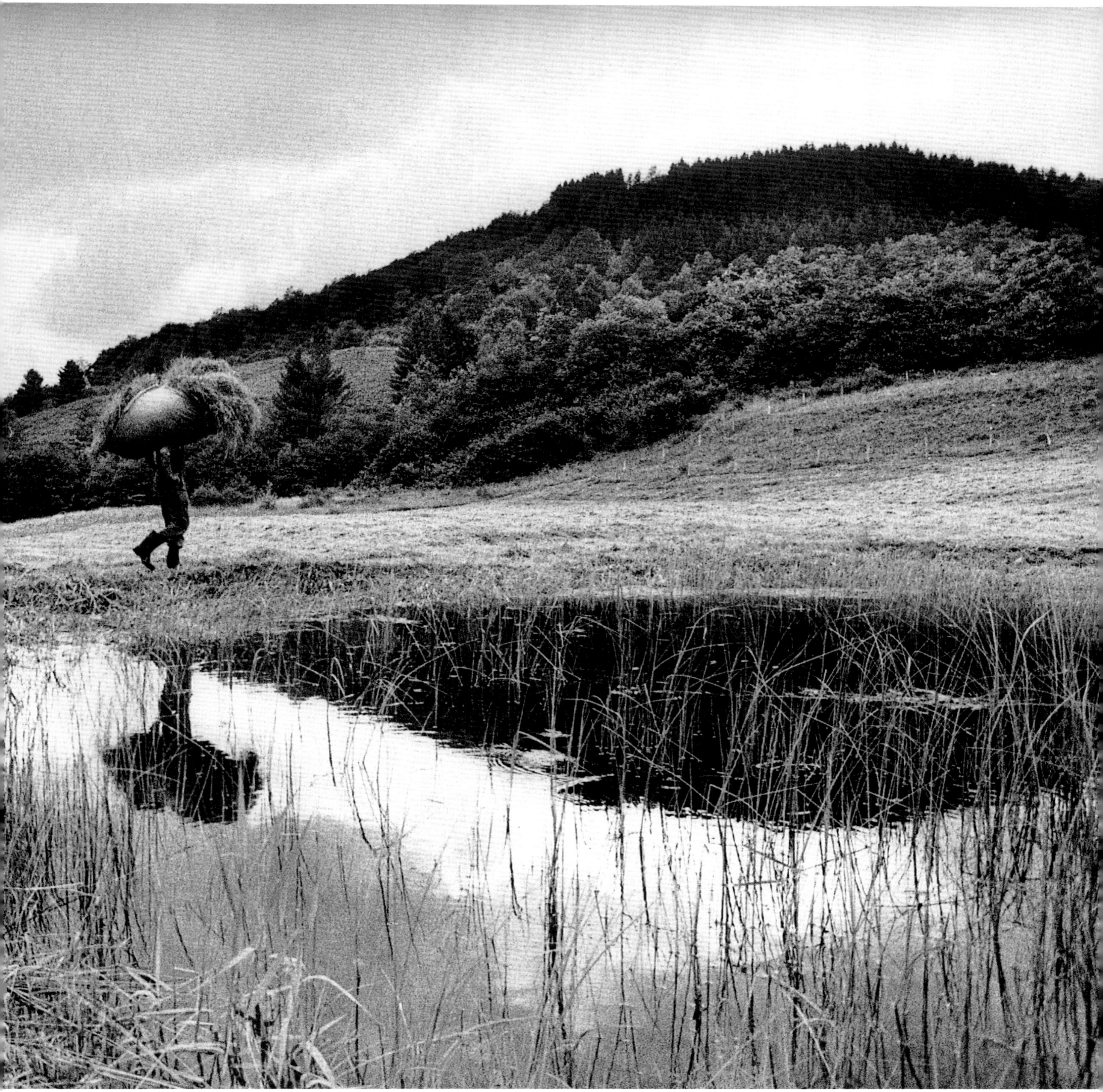

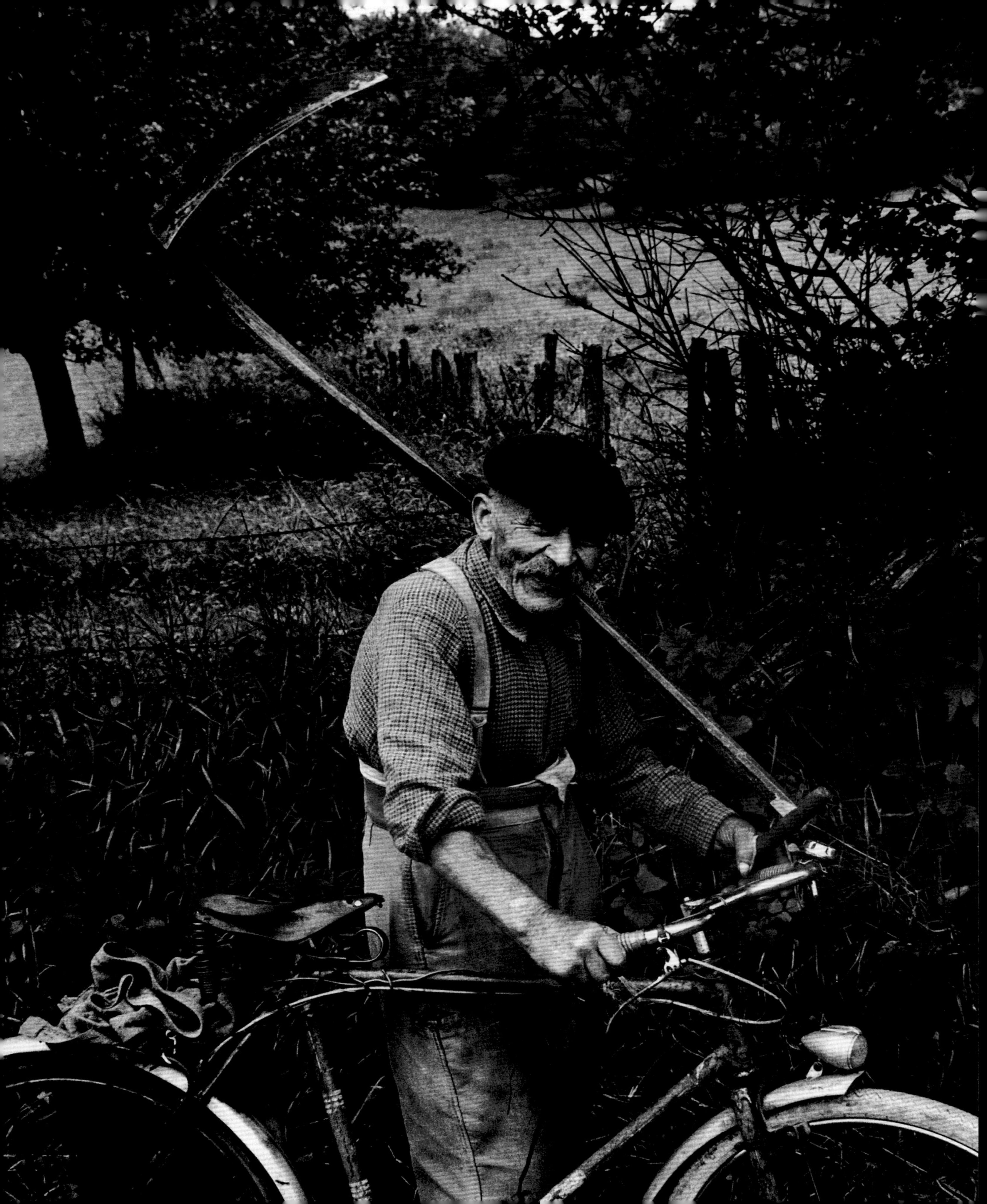

LA FAUX

La faux est toujours utilisée en Franche-Comté et tout particulièrement dans les humbles fermes des petites montagnes des Vosges saônoises, du Haut-Doubs ou du Jura. L'air de rien, sous ses allures banales et rustres, la faux est un objet d'art qu'il convient, au cours de sa fabrication, de chauffer dix-sept fois tout en l'étirant et la cintrant. Elle est ensuite refroidie, puis finie à l'enclume. Le biseautage sur une meule lui donne son aspect définitif. Nombreuses étaient encore les taillanderies au dix-huitième siècle, à Baume-les-Dames, Clairegoutte, Doucier, Montlebon ou encore Grand Come à Morteau et Nans sous Sainte-Anne. Sa fabrication exige toute une somme de savoirs, son entretien aussi. L'aiguisage et son utilisation sont un art qui se transmet de génération en génération. Le geste n'est nullement inné. Combien de citadins n'ont-ils pas fait l'expérience de la faux tuée au premier mouvement ?

L'outil fait partie de la panoplie de l'homme de la terre. On la porte souvent sur l'épaule, comme ici, à Oppenans. Le béret, les bretelles, le vélo, la faux... Et le sourire en prime. C'est ce que j'appelle volontiers un moment magique. La magie (= image) de ce portrait réside dans le fait que l'homme tout enjoué dans sa belle moustache grise semble me remercier de le photographier comme si c'était un honneur. C'est moi qui suis flatté de lui «tirer le portrait»... Tout paraît alors si simple et, pourtant, aujourd'hui, ce n'est plus tout à fait aussi bon enfant. Dès que l'on sort l'appareil photographique, on vous demande pourquoi ? Et surtout aussi combien cela peut rapporter. En une trentaine d'années, il n'y a pas que la terre qui se soit transformée. Le comportement des gens aussi. Hélas...

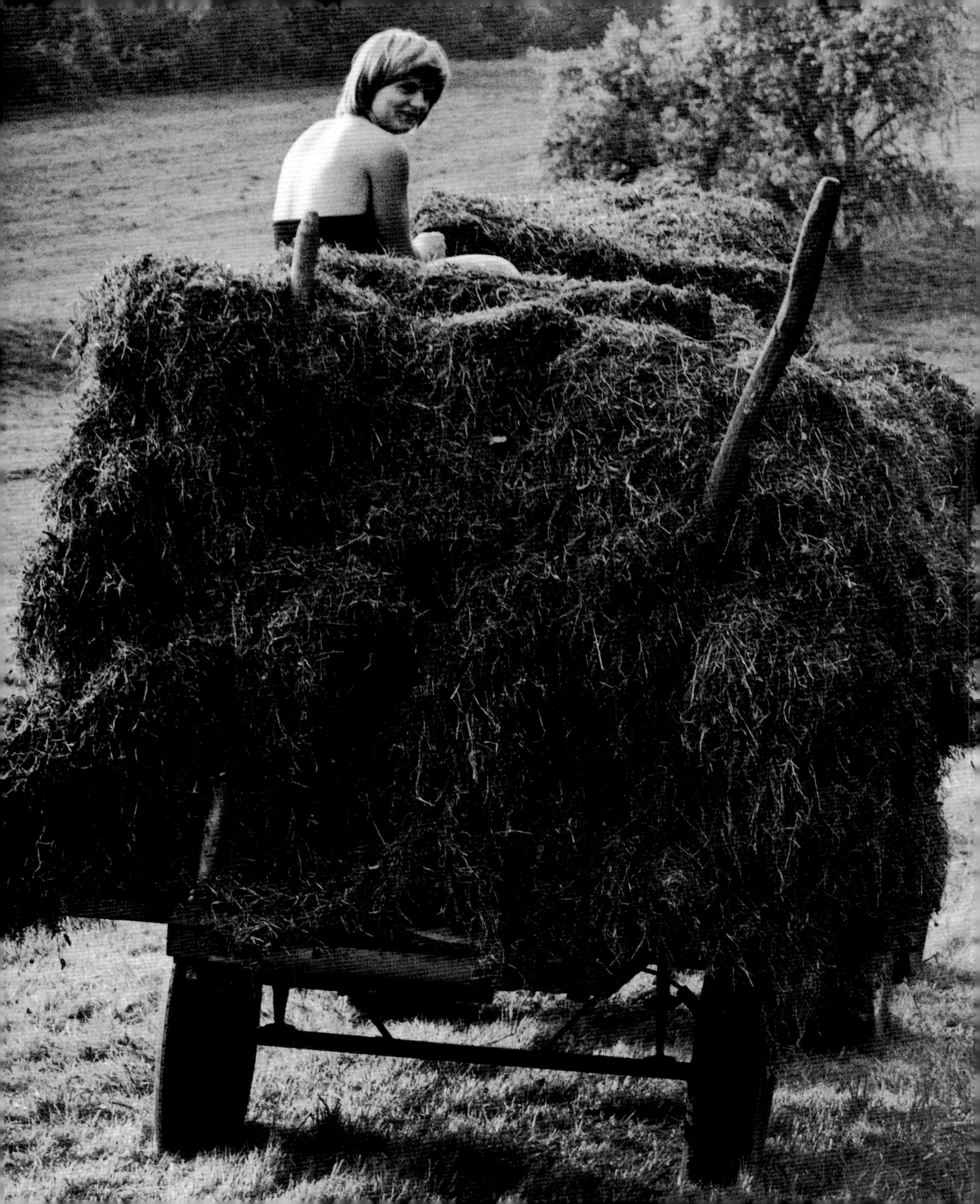

Au cœur de l'été, moissons, fenaisons et regains : les familles se retrouvent souvent au grand complet et même les filles participent aux travaux : Les Evaudois.

En haut, Autrey-les-Cerre, départ matinal pour les prés.
En bas, Noroy-le-Bourg, Roger Bonvalot accompagne ses bêtes
près de la forêt. Un petit tour de chasse dans la foulée...

*Juste à l'entrée de Faucogney
du côté d'Annegray.* ▶

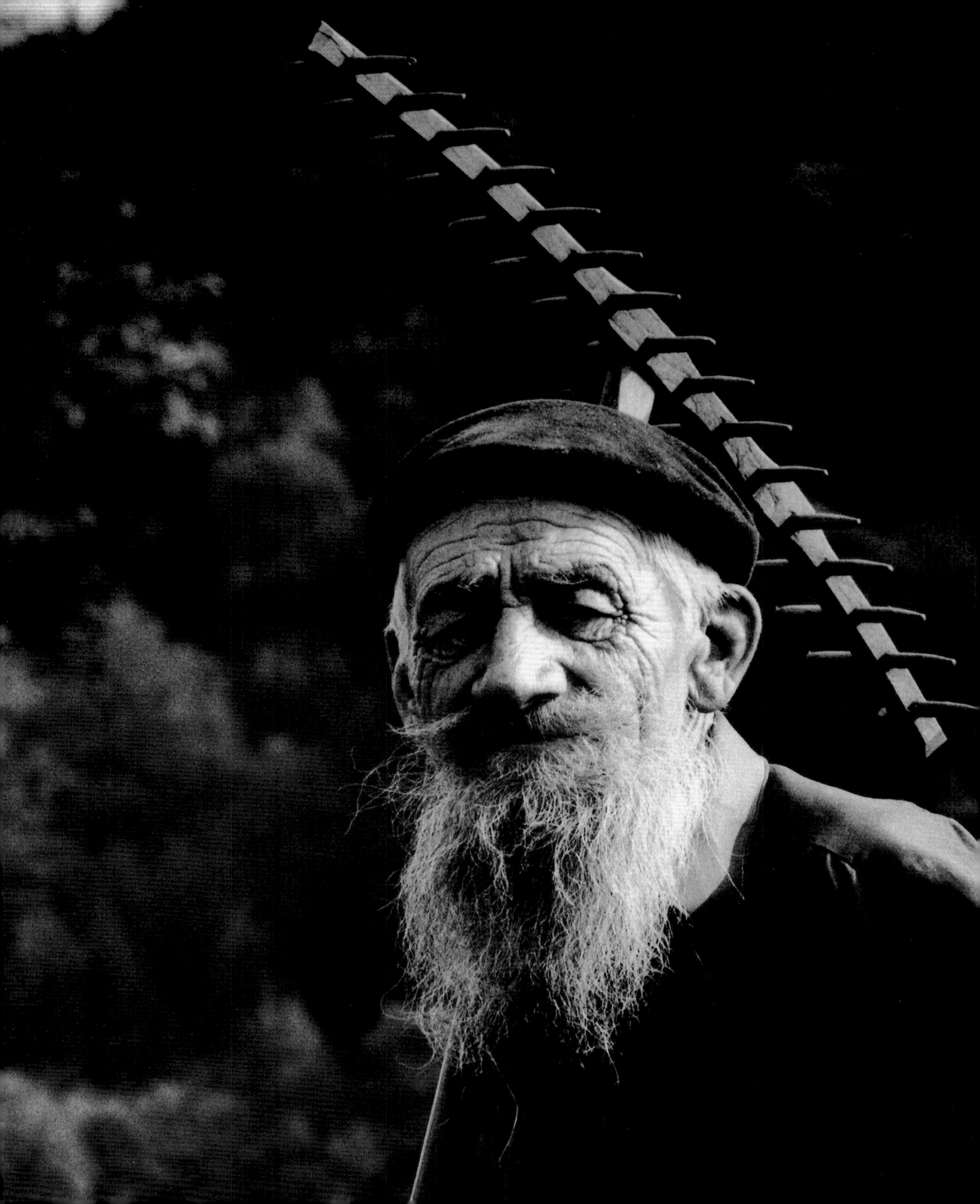

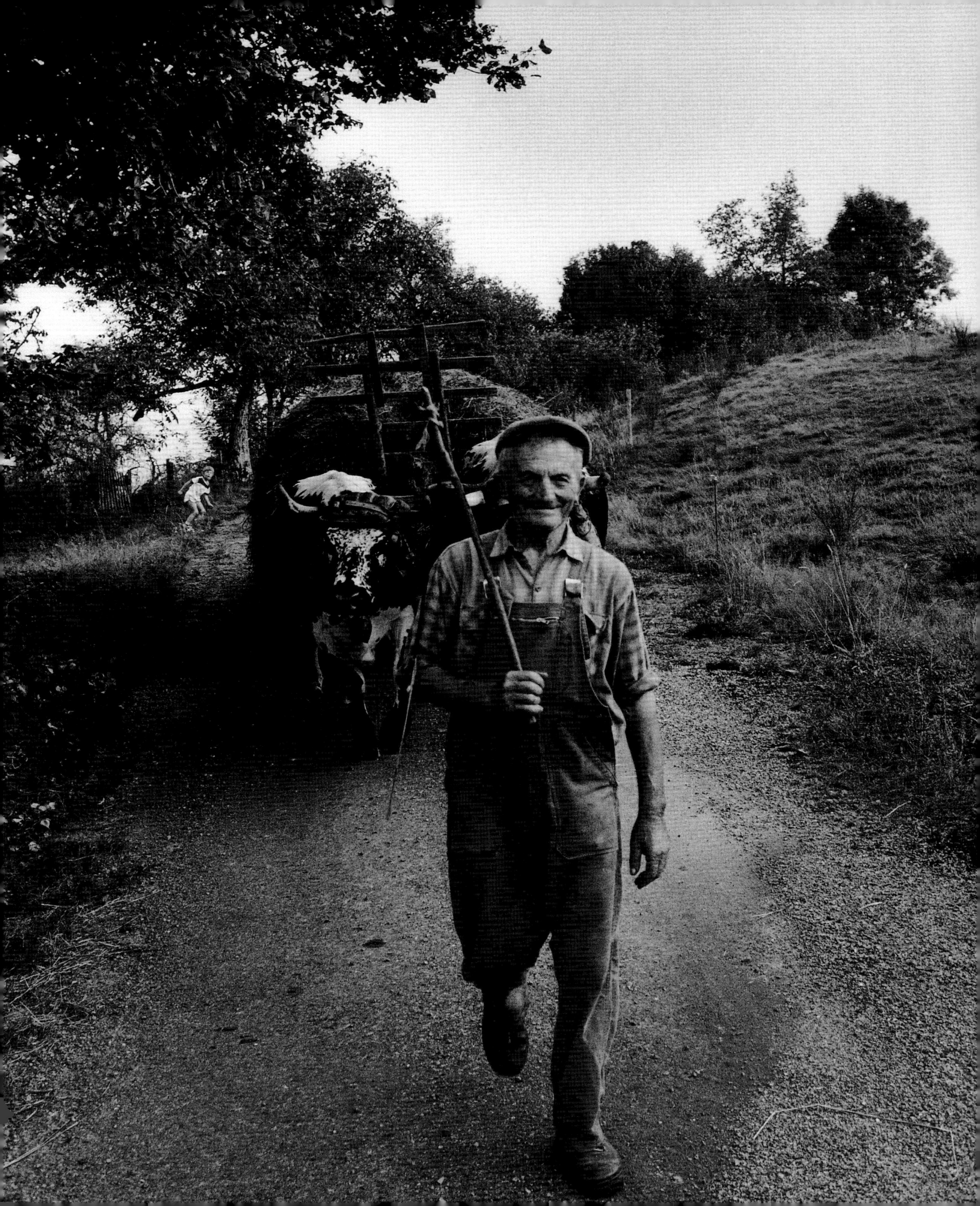

J'ai deux grands bœufs dans mon étable. Chaque matin, Emile Mougenot pouvait chanter ce refrain sur sa petite montagne des Vosges saônoises, au lieu-dit Le Montandré, tout au bout d'une route montant à pic depuis Servance en Haute-Saône. Émile et Marie ont passé toute leur vie là, au fil des saisons, partageant leur amour de la terre et leur sagesse de vivre dans une modestie imposant le respect. Émile savait parler à ses bœufs, compagnons fidèles qui le suivaient sur ces chemins pentus de ces grandes collines difficiles d'accès, infatigables serviteurs sur les épaules desquels, qu'importent les pluies, les neiges ou les soleils, reposaient tous les travaux de la ferme.

Deux animaux magnifiques respirant la puissance, attentifs à la voix de leur maître et plus placides que de petits chiens dociles. Leur poids respectable m'impressionnait. Ils étaient de toutes les sorties. Je les voyais labourer, aller chercher le bois ou la paille dans la vallée voisine. Je les regardais aider aux plantations des pommes de terre. J'observais leur repos, au temps du regain, quand, attendant que le chariot soit chargé, ils se régalaient des foins fraîchement retournés dans un mouvement de tête qui semblait accompagner le geste du faneur.

En haut, Marie sous son chapeau de soleil à larges bords conduit le bœuf, Emile appuie sur le socle pour retourner les pommes de terre. En bas, ce n'est pas Emile cette fois, mais l'un des derniers attelages au-dessus de Ternuay.

Le Montandré.

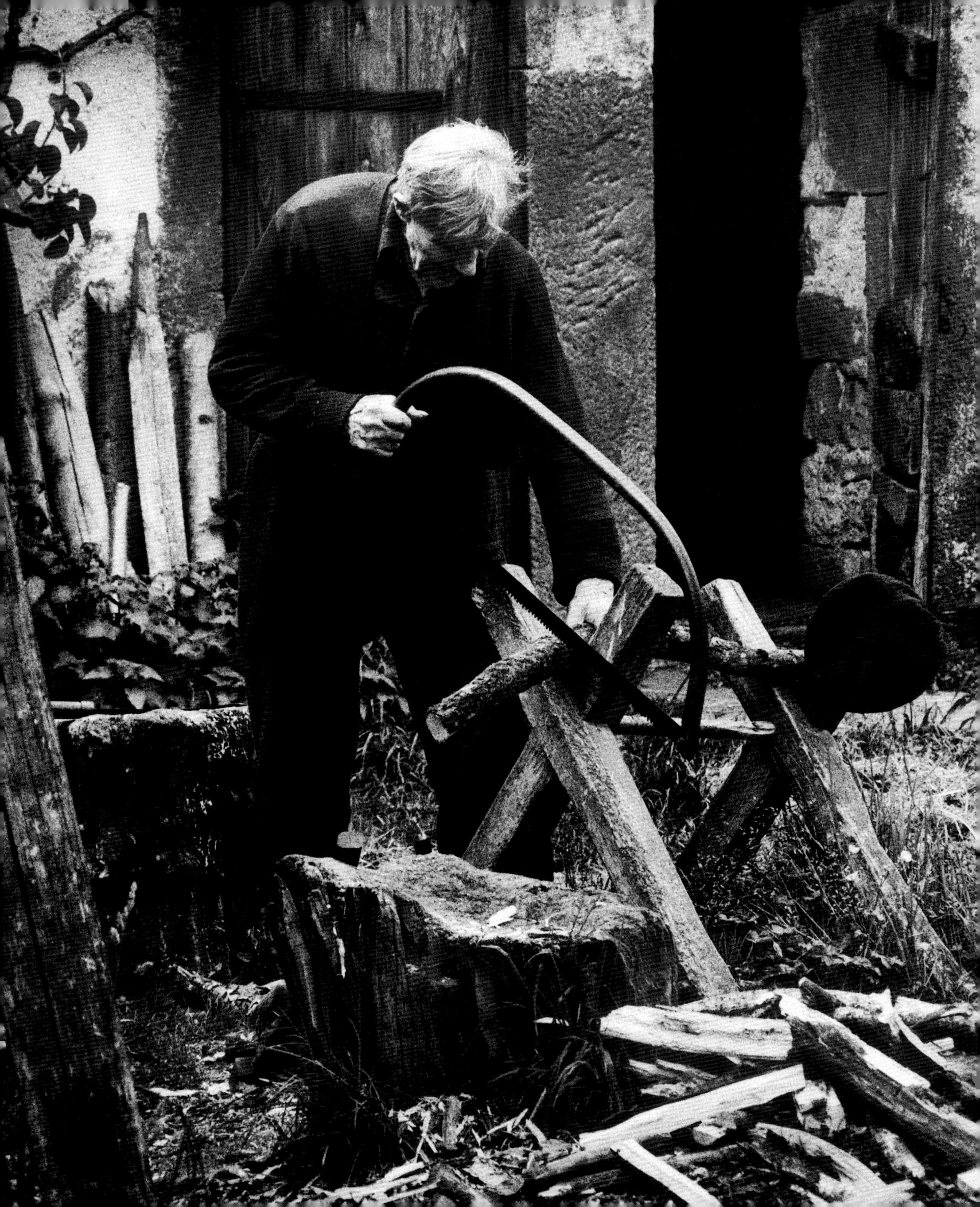

On dit souvent du bois qu'il chauffe au moins trois fois. Je crois volontiers qu'il a autant de vies que les chats. Il y a tout d'abord le jour où on le coupe. Les villageois avaient alors droit à l'affouage, petite portion de forêt tirée au sort dans laquelle chacun avait droit de couper avant d'emporter gratuitement sa part. Couper, emporter. Cela fait déjà deux bonnes occasions de se réchauffer. Ensuite, il fallait recouper les branches et les troncs en plus petits morceaux, les uns destinés à la chaudière, les autres à la cheminée. Un travail qui se faisait généralement en famille, chacun, selon sa force et ses capacités, s'intégrant dans une chaîne. C'était encore un jour de chaud. Ensuite, il fallait ranger la récolte dans un coin bien sec de la maison. Alors, alors seulement, viendrait le plaisir du feu. Qui donc n'a jamais rêvé de s'allonger sur une peau de bête, sur un bon tapis de laine devant les flammes d'une bonne cheminée tout en regardant les flocons de neige tomber derrière la fenêtre ? Encore un bon coup de chaud ! Encore une dernière vie du bois avant qu'il ne s'éteigne en cendres.

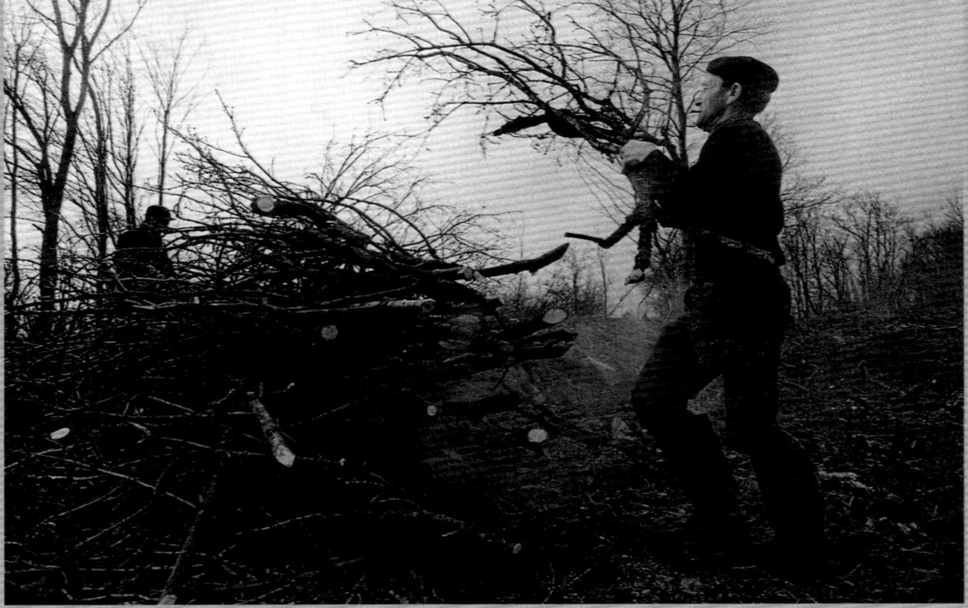
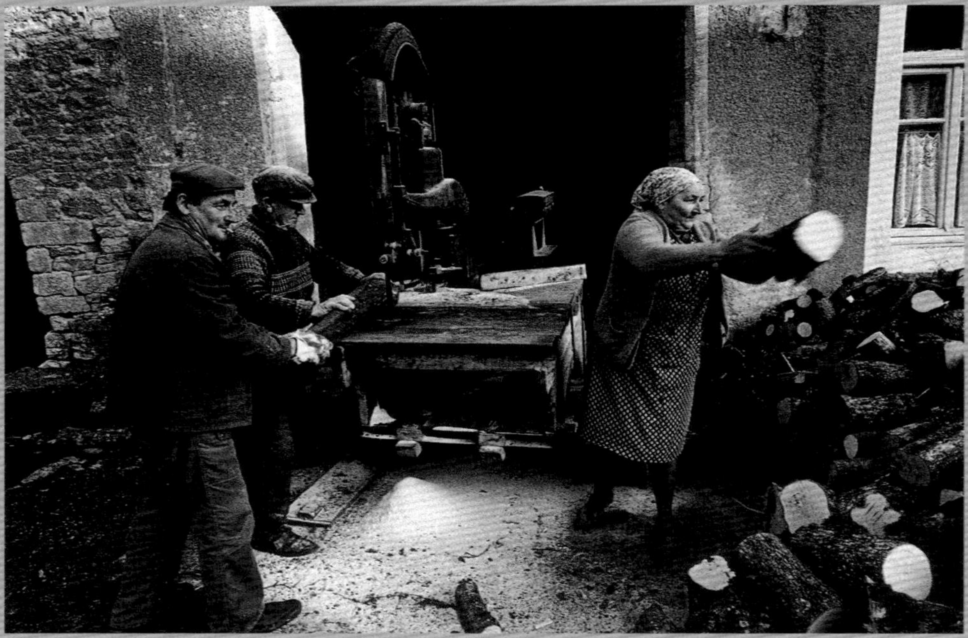

Le bois dont on se chauffe.

André Chanchevel, forgeron à Noroy-le-Bourg.

Le feu du four à pain au Haut-du-Them.

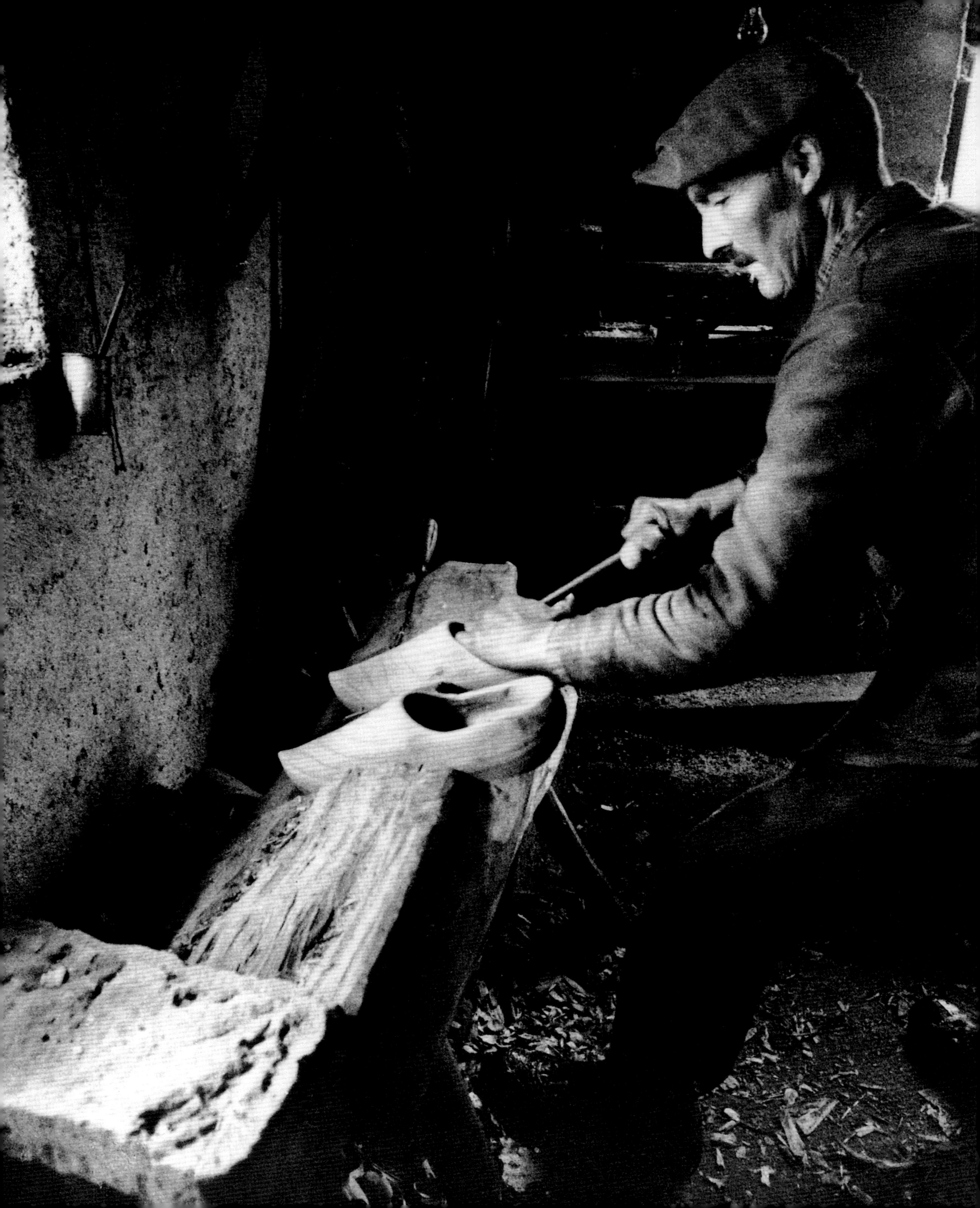

Le dernier sabotier travaillait tout à la main. À l'ancienne. Avec cette habileté rare qui caractérise ces hommes de la terre vivant de trois fois rien. Qui donc sait encore aujourd'hui que le sabot de bois était la meilleure protection pour abriter les pieds des rigueurs de l'hiver ? À présent, on se rend aux jardins chaussé de pâles copies en caoutchouc, moins confortables et certainement moins isolantes que le bois. Tout cela pour ne pas se mouiller les pieds de rosée.

De nos jours, il n'y a plus que dans les musées qu'il est possible de trouver une paire de sabots. Dans celui de Champlitte, en Haute-Saône, dans la partie art et traditions populaires, la famille Demard, Albert le père, Félicie la mère et leur fils Jean-Christophe ont reconstitué l'atelier du sabotier. Dans les années trente, il existait encore une petite industrie du sabot. On y fabriquait ces galoches en grande quantité grâce à des machines perfectionnées dont certains modèles sont également conservés dans le Musée des techniques de Champlitte. La saboterie de Saint-Loup fabriquait cent cinquante paires par jour. Trois fois plus qu'à l'atelier de Clairegoutte.

Le bouleau et le platane servaient aux sabots du quotidien, mais il n'était pas rare que les sabots de noces soient taillés dans le noyer. Le dernier sabotier que j'ai photographié du côté de la forêt de Saint-Antoine travaillait sur un établi rudimentaire. Il maniait le paroir, une grande lame coupante articulée, l'herminette, une hachette au taillant recourbé et le racloir avec une dextérité rare. Une fois la sculpture terminée, les galoches étaient séchées et enfumées. N'attendant plus qu'un pied pour trouver chaussure.

Ils ne se sont probablement jamais rencontrés sauf dans ces pages et pourtant la similitude de leur intérieur est révélatrice d'une époque où l'on vivait de manière assez fruste. L'un habitait un hameau sur les plateaux calcaires de Piémont, l'autre dans une ferme isolée de la forêt de Grand-Côme.

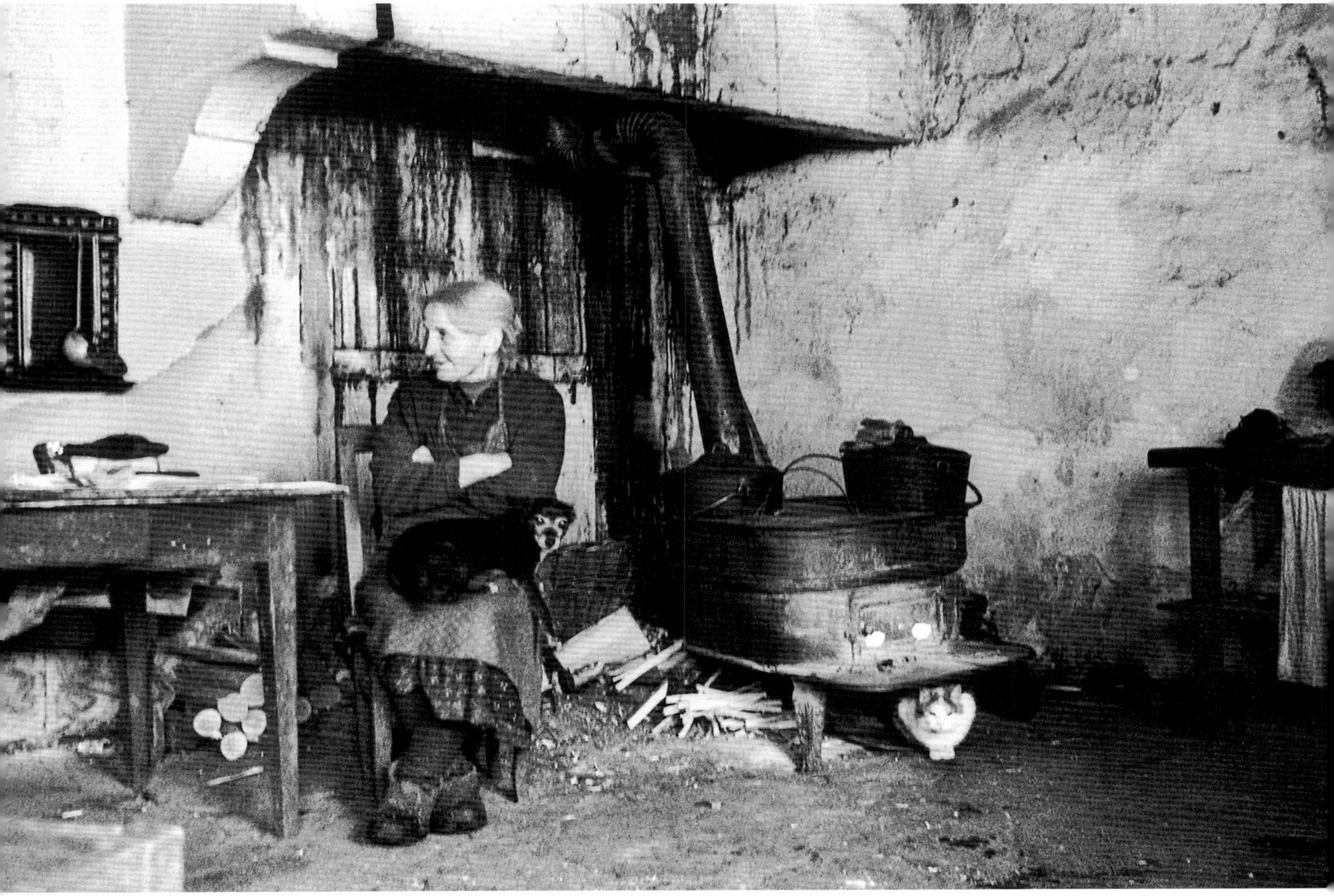

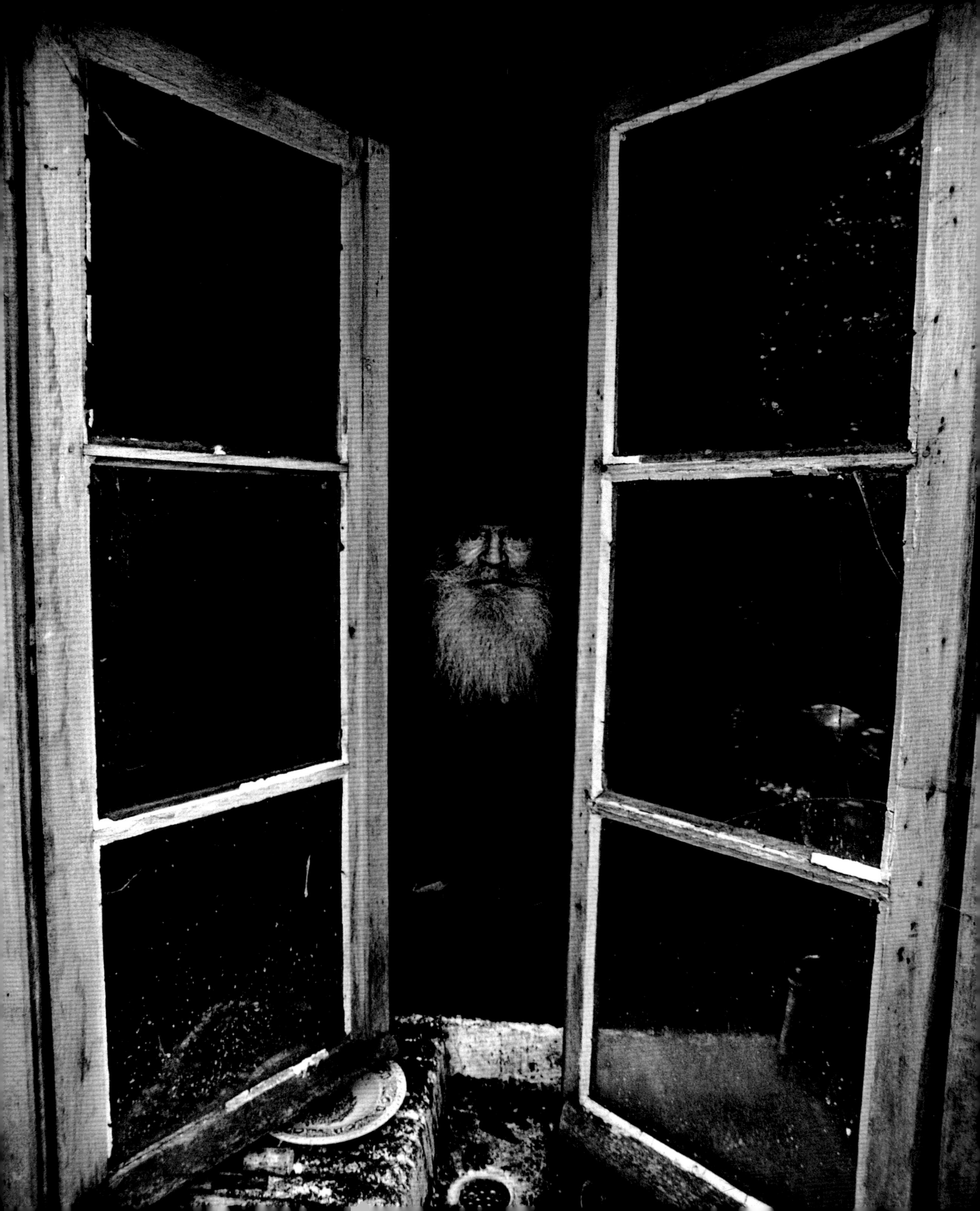

Bûcheron de son état, il avait quitté son Italie natale pour venir vivre en Franche-Comté, là où les forêts sont aussi rudes que belles. L'homme à la grande barbe semblait à la fois rustaud, rustique et très rusé. Un zeste de tout cela avec un cœur aussi gros que les troncs d'arbres qu'il découpait avec la force d'un géant. L'homme vivait un peu à l'écart du village de Noroy le Bourg, dans une petite maison de pierre sombre mais chaleureuse. En hiver, y crépitait un grand feu que l'homme venu du Sud voulait plus flamboyant encore. Pour cela, il offrait une goutte de sa petite gnole qu'il distillait lui-même dans l'alambic de la grand-rue. Chaque année, il m'en déposait une bouteille à la maison. Tout comme il le faisait, aux aubes de mai, d'un bouquet de muguet. Un vrai gentilhomme sous sa carapace d'homme des bois. Il parlait peu. Mais juste. Bredouillant dans sa grande barbe de plus en plus grise. Une vie simple au contact de la nature. Une vie vraie.

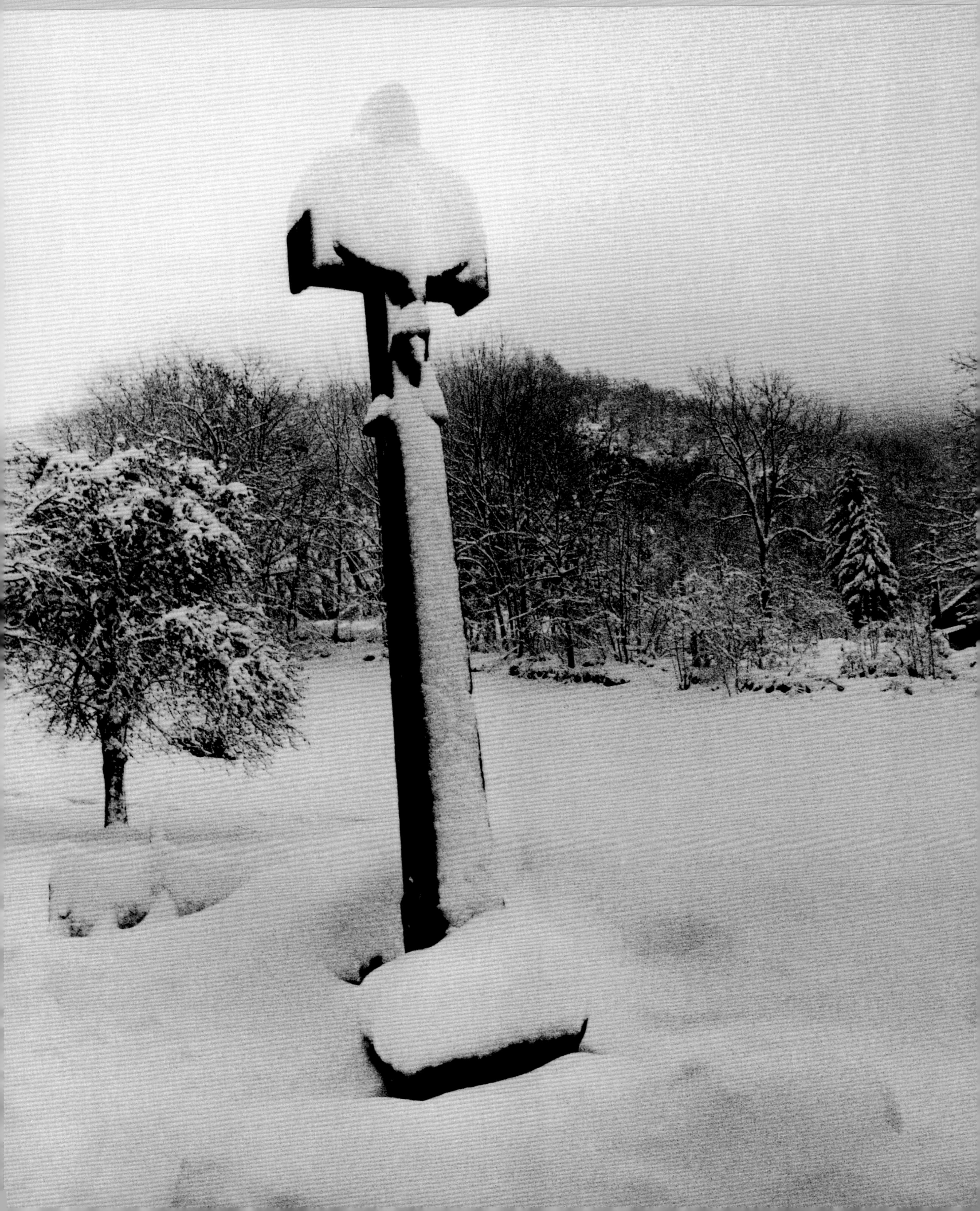

LA NEIGE

Quelques centimètres de neige tombés dans la nuit de pleine lune ont bouleversé le paysage. Le jour se lève. Péniblement. Il y a de la grisaille et pourtant, tout semble éblouissant. Tout est blanc, lumineux, immaculé. Tout semble propre. Comme si cette neige fraîche avait ce merveilleux pouvoir de purifier les espaces souillés par la main de l'homme. Cette sensation de pureté est éphémère. Déjà la blancheur s'efface-t-elle en même temps que la journée avance et laisse apparaître des traces noirâtres aux géométries étonnantes. On souhaite voir quelques nouveaux flocons virevolter dans le ciel gris pour mettre un peu de joie dans nos yeux et nos cœurs. Quelques heures plus tard, le ciel exauce nos vœux. Des bourrasques merveilleusement belles et fort inquiétantes effacent le paysage. Très vite, on ne voit plus où l'on est. Les chevaux accrochés à la barrière de la ferme semblent être emportés par le tourbillon blanc de cet étonnant nuage maintenant installé sur ce petit coin de montagne. Personne ne sait combien de temps il restera. Quelques heures ? Quelques jours, peut-être ?

Qu'importe. Le feu est déjà dans la cheminée. Il va pouvoir nous réchauffer. Il couve déjà quelques patates brûlantes dont nous nous régalerons bien vite. Mais avant toute chose, il nous faut braver la tempête pour aller décrocher les chevaux et les attirer dans l'écurie toute proche. Les bêtes sont trempées et s'ébrouent joyeusement en découvrant les bonnes bottes de paille avec lesquelles nous frottons leur échine. Ça fume et les animaux nous remercient en frottant leur grosse tête ondulante sur nos épaules. C'est un moment heureux que nous prolongeons jusqu'à ce que les pommes de terre soient enfin cuites sous la braise. Ce sera un repas très simple mais délicieux avant une bonne nuit bien méritée dans ce gîte providentiel. Demain, si la neige nous permet de le retrouver, nous pourrons peut-être poursuivre notre chemin. Cette petite montagne d'apparence paisible vient de nous démontrer que la nature surprenante peut, à tout moment nous imposer sa force et sa volonté. Nous ne sommes alors plus que d'humbles voyageurs étonnés par la violence des éléments déversés au sein de ces petits vallons couronnés de sapins rassurants. Un abri inattendu mais bienvenu nous aura permis d'apprécier plus encore la beauté de la vie.

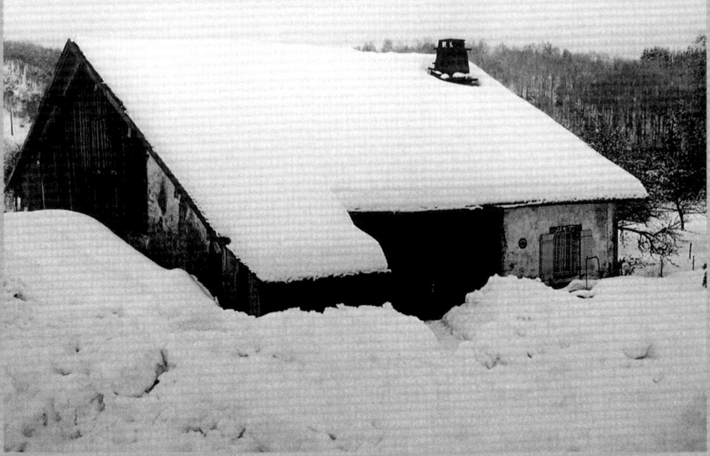

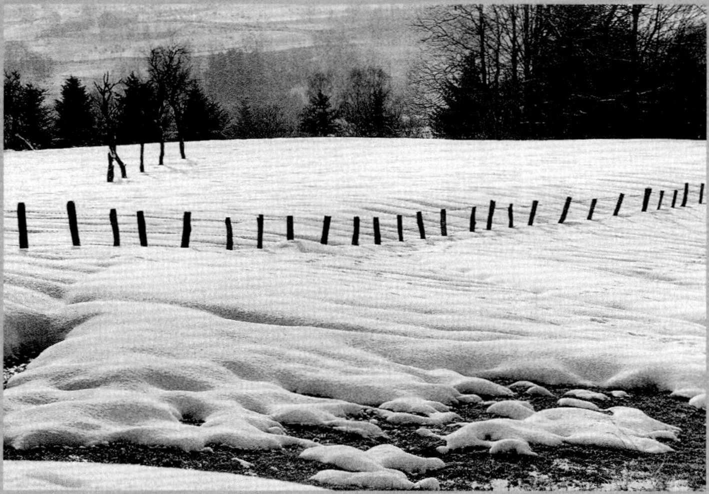

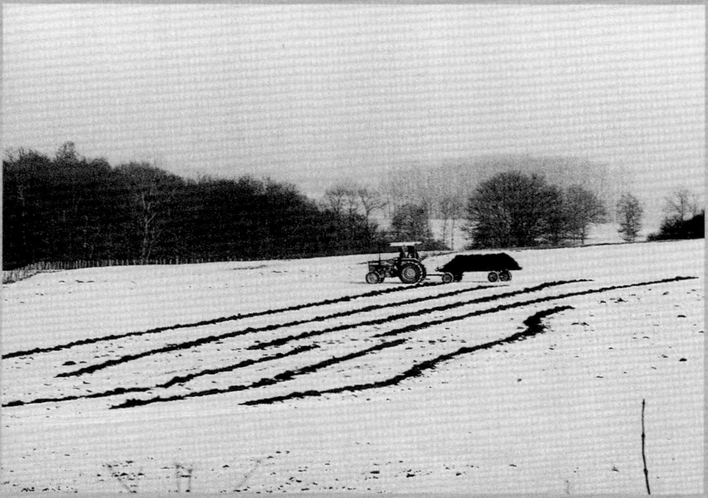

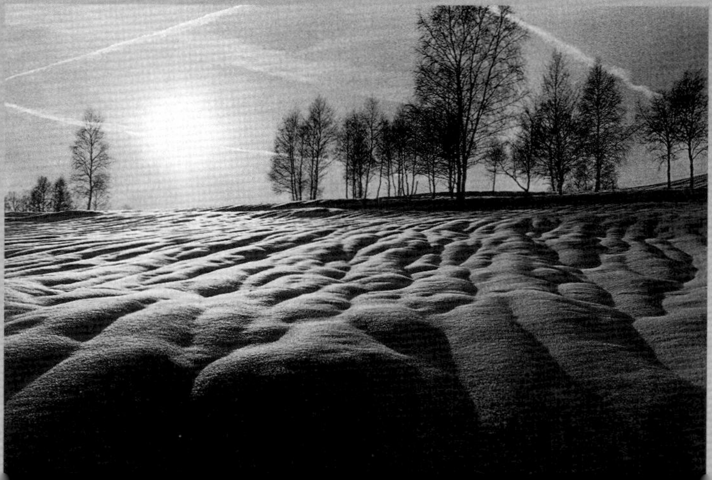

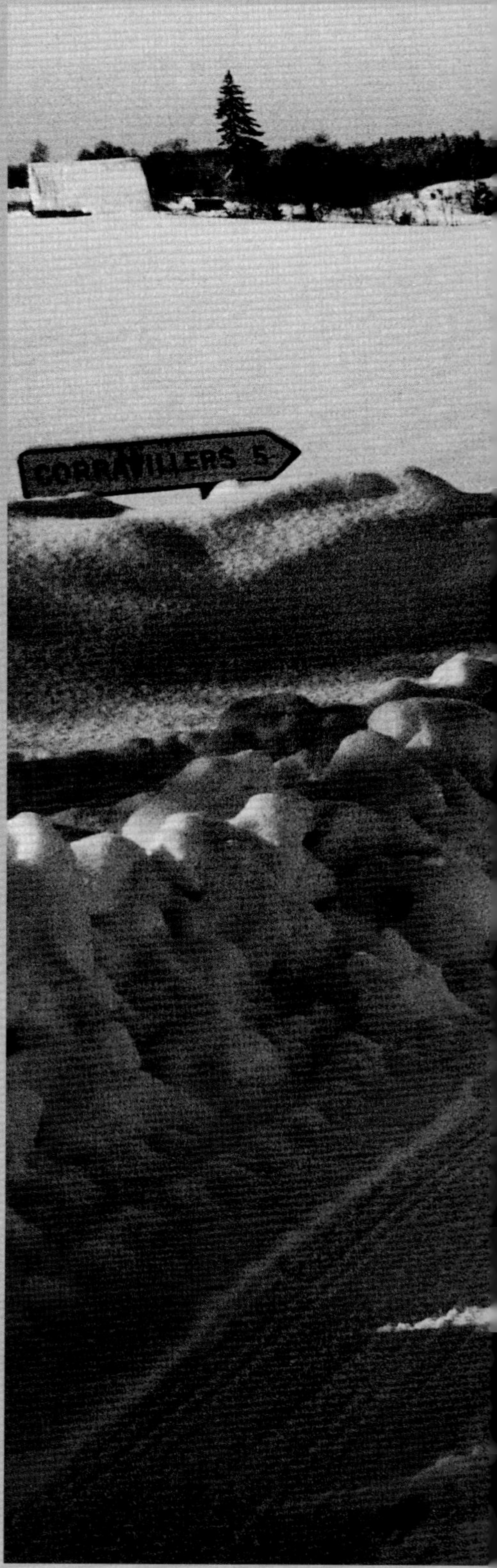
CORRAVILLERS 5

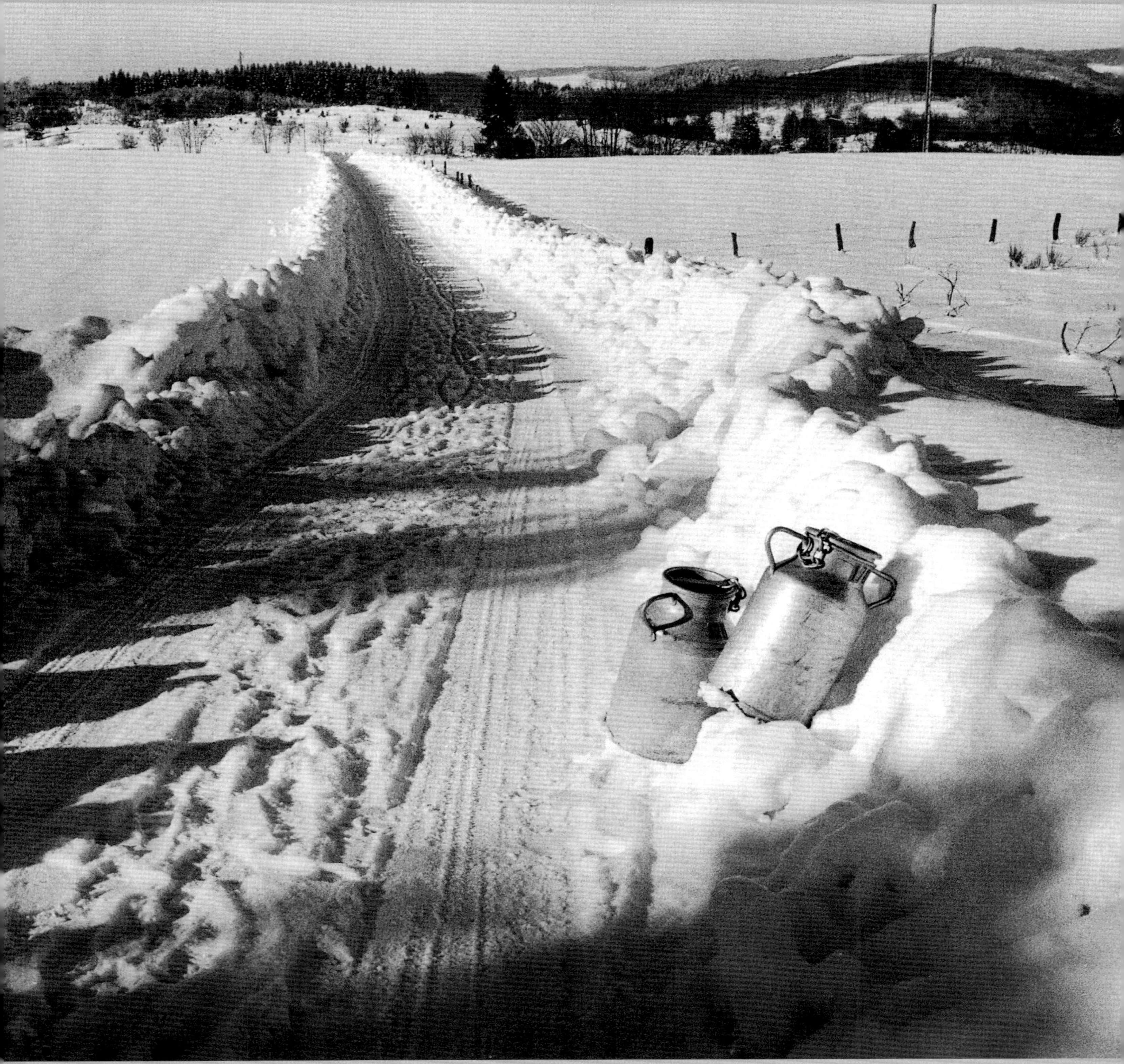

Albert Demard sur les pentes de Château-Lambert.

*Entre Corravillers et La Débauchée,
hiver comme été les écoliers... marchaient.*

Sur les Crêtes entre Haute-Saône et Vosges.

Rude hiver près de Colombe-les-Vesoul.

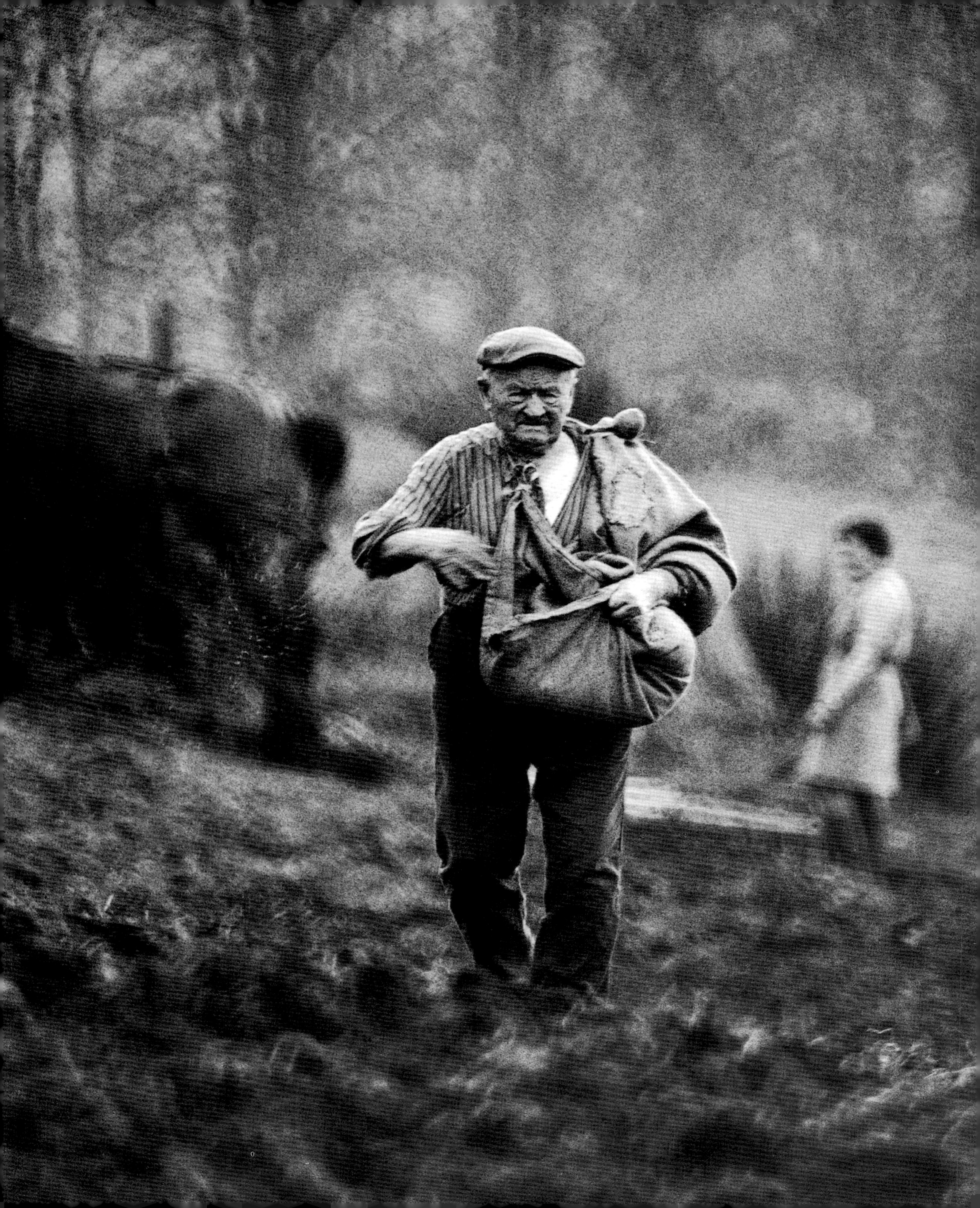

LES SEMEURS

Tel père, tel fils. Dans un mouvement complémentaire, les deux hommes ont adapté un rythme où les balancements de bras se complètent. L'auguste geste du semeur leur permet de répandre les graines le mieux possible sur cette bonne terre des environs proches de Noroy le Bourg en Haute-Saône. Roland et Roger Bonvalot ont toujours ensemencé leurs champs de cette manière : le père marche devant et donne la cadence, le fils, derrière, suit du regard la régulière oscillation du bras sur laquelle il n'a plus qu'à s'accorder. Ballet ancestral et silencieux que plus aucun théâtre ne joue. Aujourd'hui, une machine fait le travail de deux hommes en beaucoup moins de temps. Mais les graines poussent toutes de la même façon.

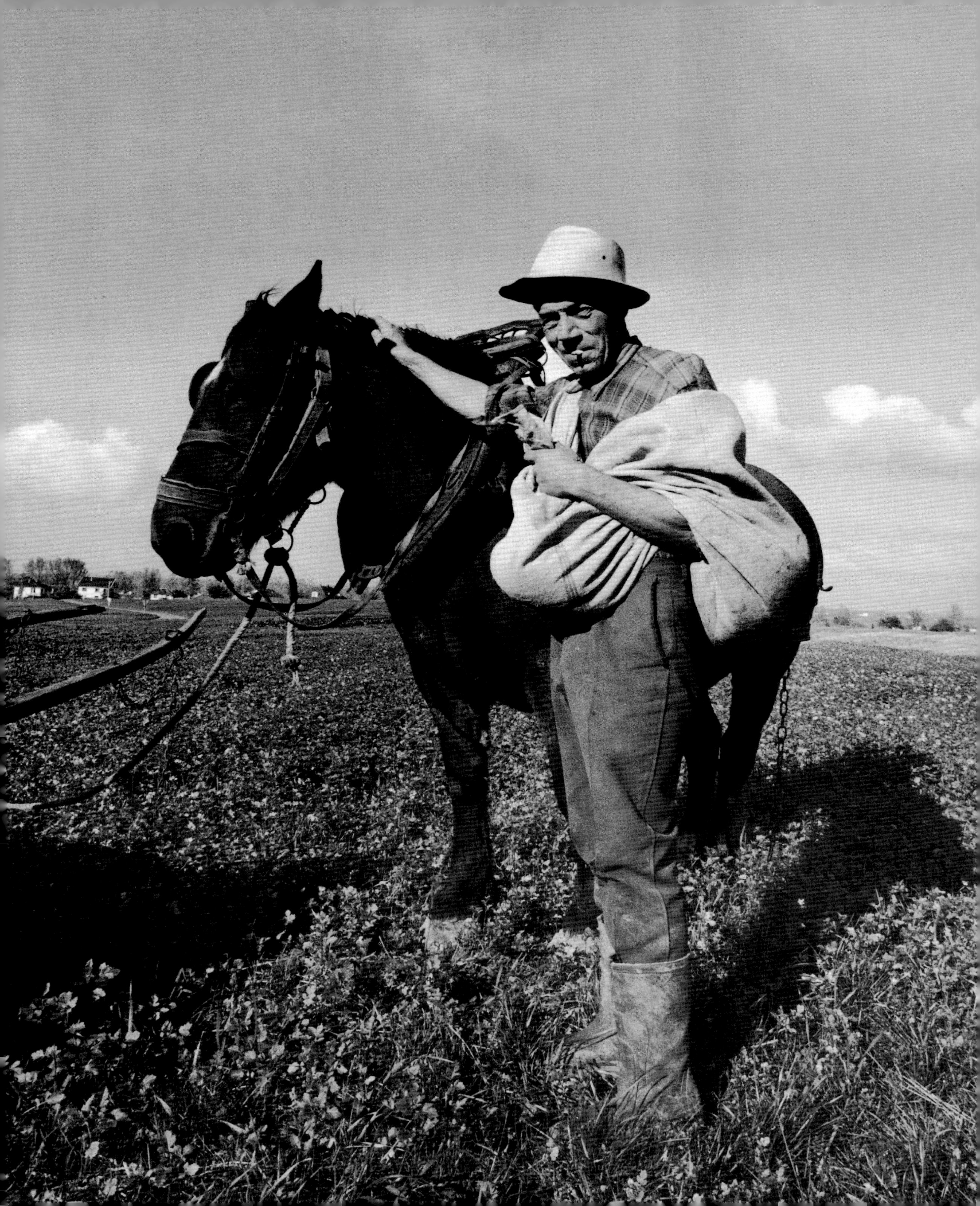

◀ *Juste derrière lui, les mirages s'envolent de la base aérienne de Luxeuil-les-Bains.*

Près des roches de la Louvière, seul le cheval pouvait accéder aux terres pentues.

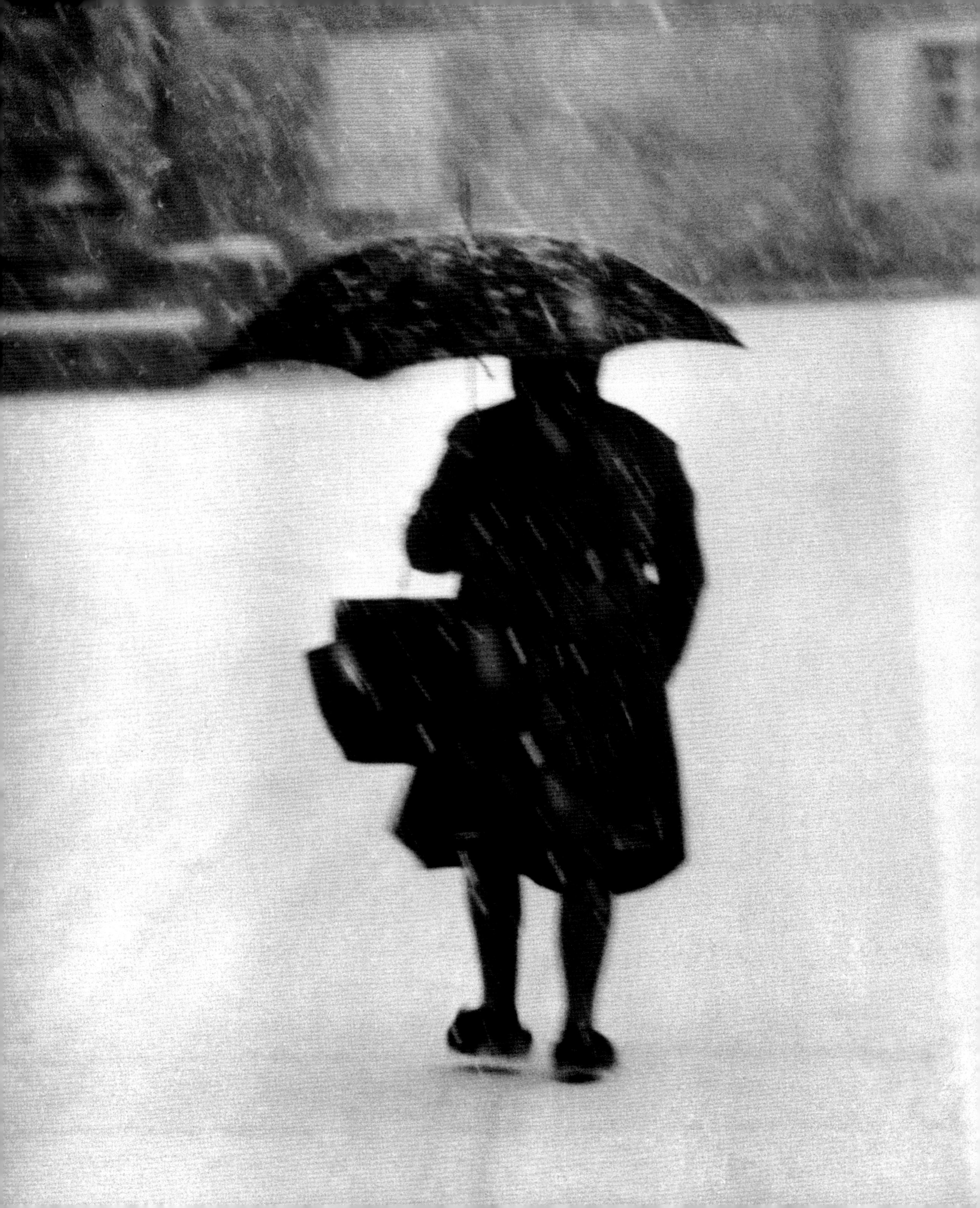

L'hiver en Franche-Comté est peut-être le plus rigoureux de France. N'y enregistre-t-on pas les plus basses températures du pays du côté de Mouthe, là où le Doubs prend sa source dans un écrin de rochers et de neige ? Pour être un vrai franc-comtois, il faut aimer l'hiver et ses rigueurs. Ce ne sont pas quelques flocons qui empêcheront la ménagère de ce pays de se rendre à l'épicerie pour les courses quotidiennes, ni les enfants de se rendre à l'école. J'ai connu quelques Comtois célèbres qui adoraient l'hiver. Chacun, à sa manière, ils l'ont peint, écrit ou même photographié. Que ce soit Pierre Bichet, le peintre des neiges à Pontarlier, grand ami de Serge Reggiani et de Haroun Tazieff, ou encore Bernard Clavel de Lons-le-Saunier. Cet écrivain voyageur et citoyen du monde, affectionne particulièrement les pays froids. Est-ce un hasard si, né dans cette région de France, il vivra longtemps au Canada ?

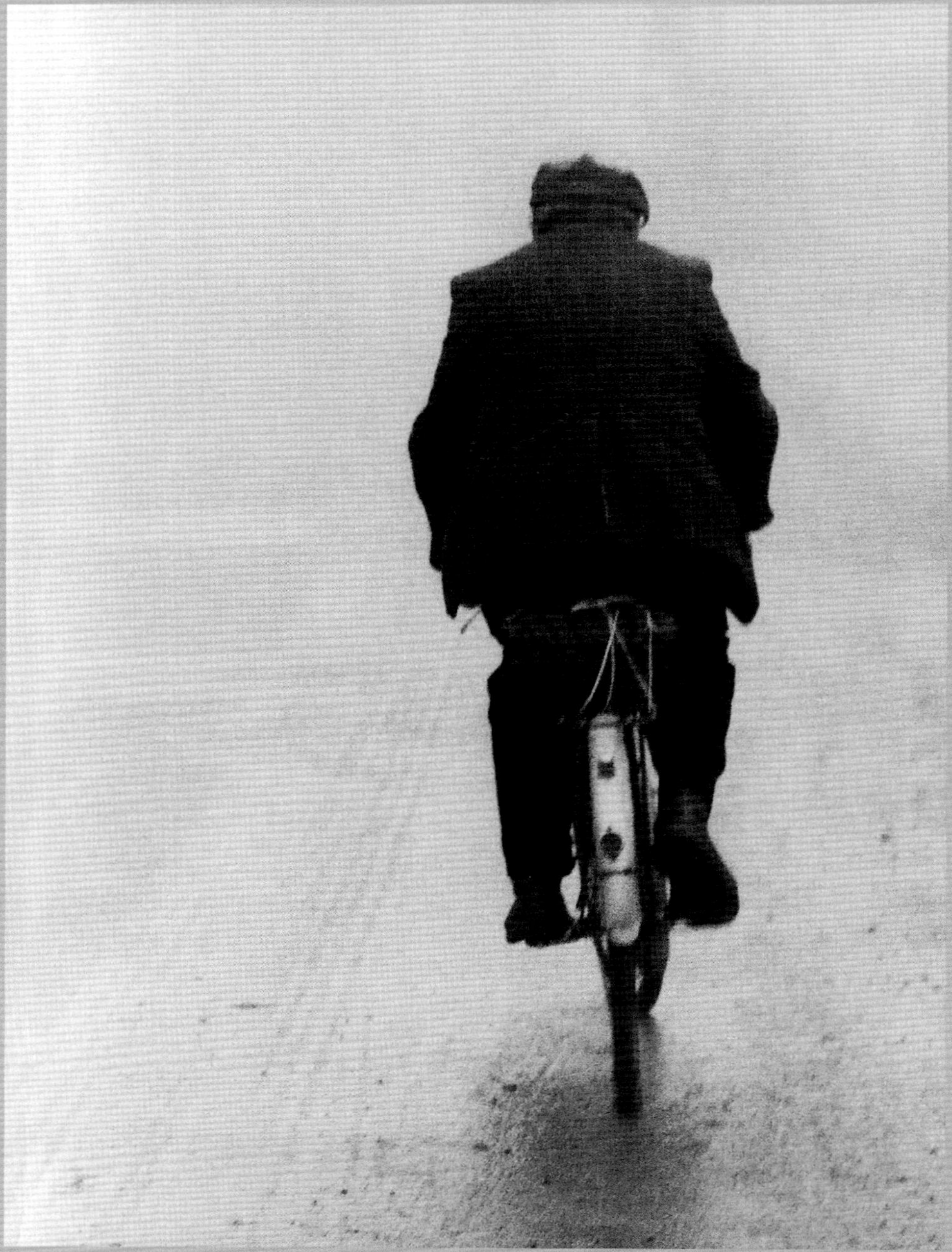

Facteur dans l'hiver de Mouthe.

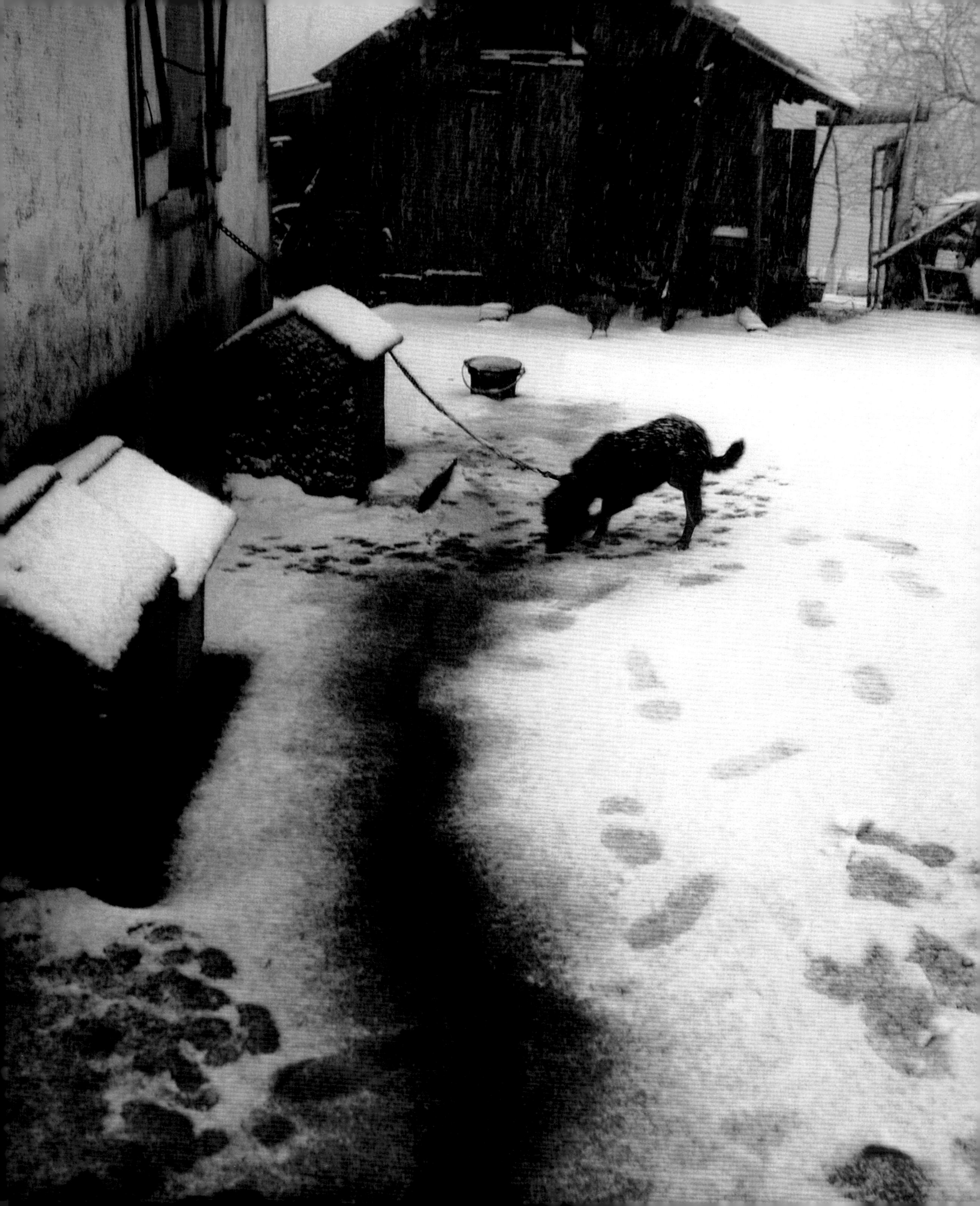

◀ *On vient de tuer le cochon dont le sang s'écoule dans la neige, chez les Brice à La Montagne.*

Flocons sur la foire de la Sainte-Catherine à Vesoul.

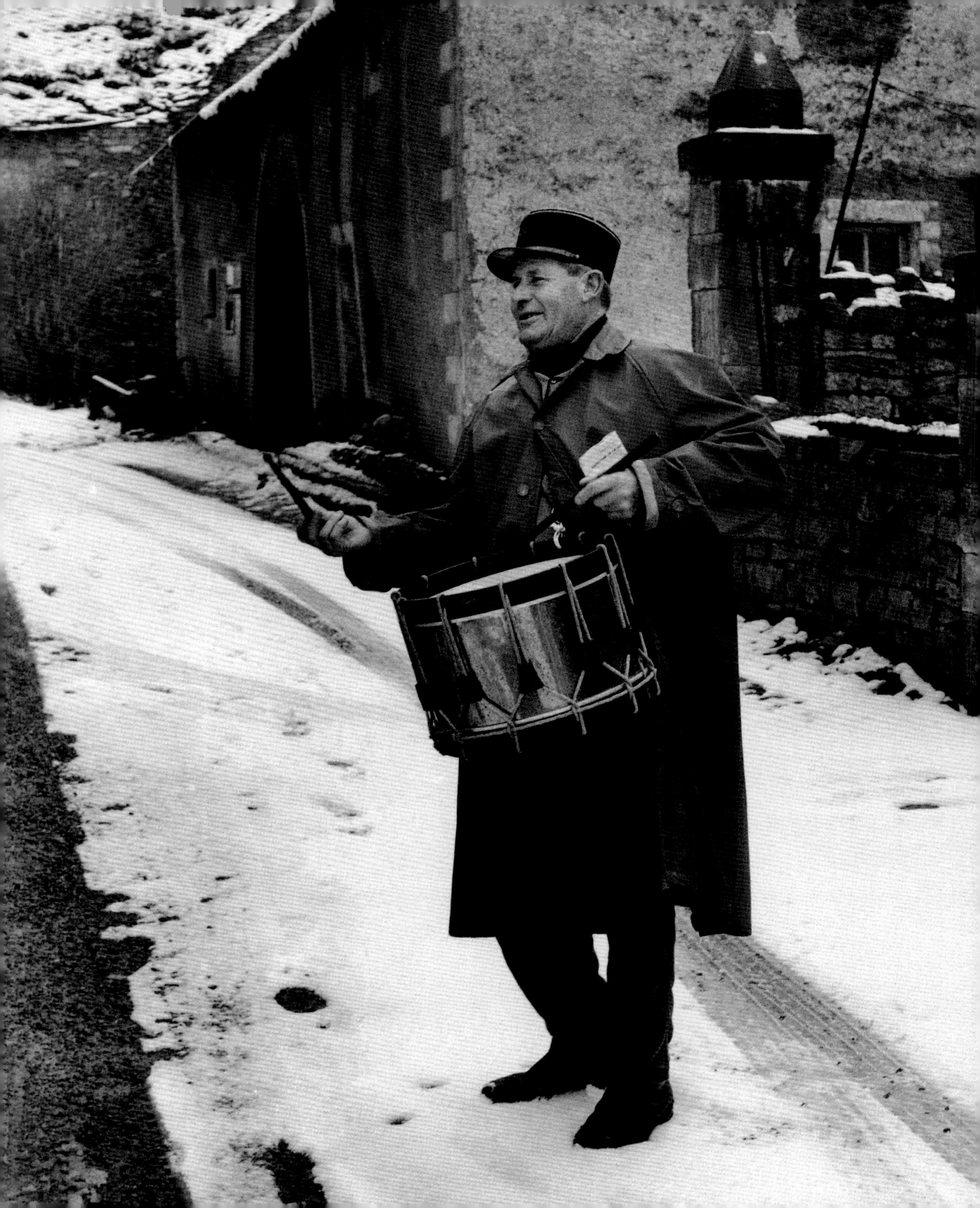

LE GARDE CHAMPÊTRE

Il était l'homme à tout faire du village. Chaque commune en avait au moins un. Personnage précieux pour une municipalité, surtout quand il savait vraiment toucher à tout. Ici, dans la petite cité de Noroy-le-Bourg, le père Renaud était quotidiennement dans les rues, un jour à balayer les caniveaux, un autre à nettoyer les fontaines, un autre encore à tailler les arbres ou à planter quelques fleurs. Il portait les messages, faisait les courses de la commune et même parfois, portant tambour en bandouillère, il parcourait le village pour annoncer les avis à la population. Un petit roulement de tambour et le voilà qui annonçait les nouvelles à haute voix. Le métier a aujourd'hui complètement disparu. L'appariteur n'a jamais été remplacé. Proche des gens, il était pourtant, comme le tam-tam africain, un moyen de communication unique qu'aucune technique, même la plus moderne, n'a jamais suppléé.

André Renaud à Noroy-le-Bourg.

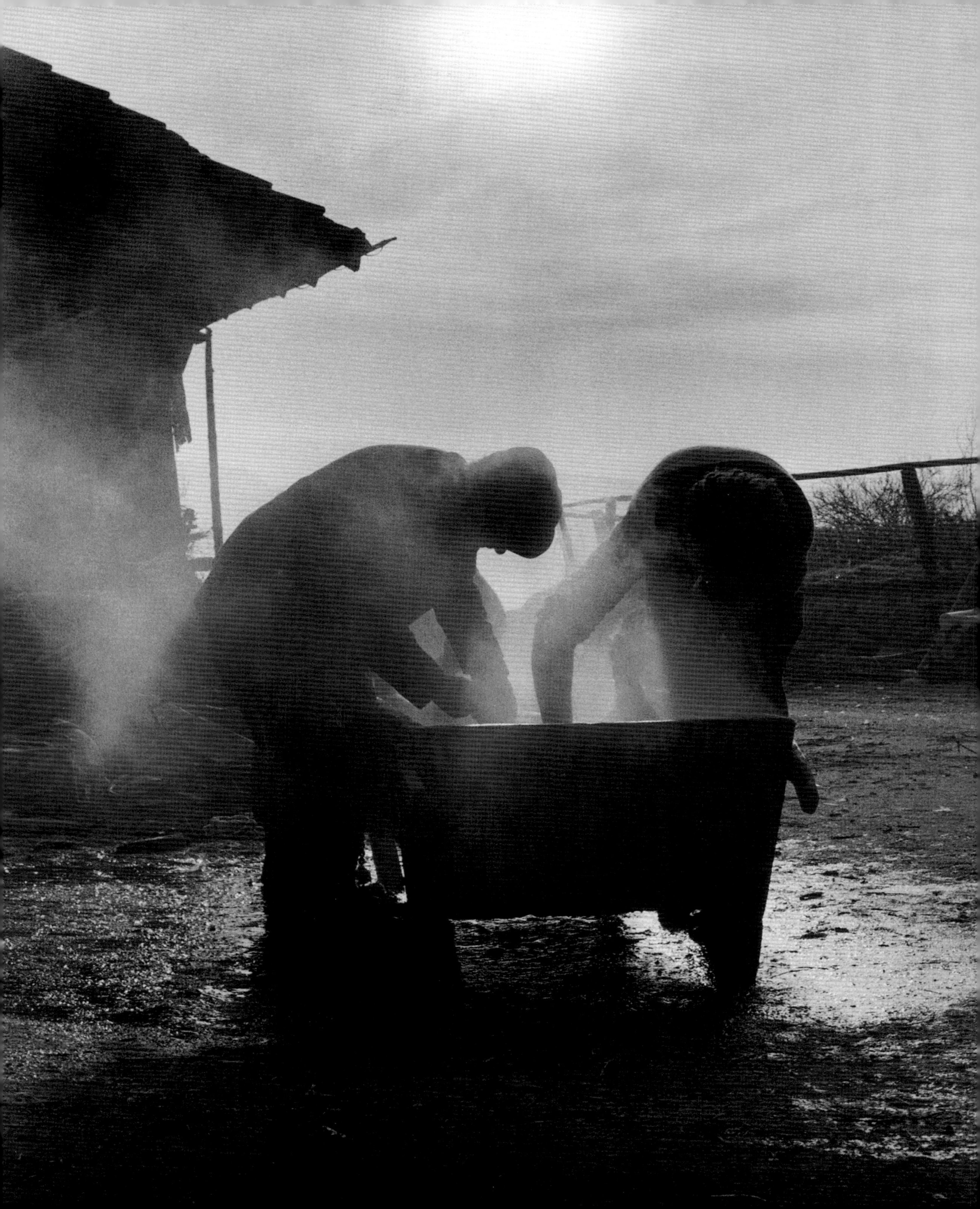

LA MORT DU COCHON

Encore une tradition disparue. La mort du cochon était une véritable fête. Ce jour-là, dans les fermes, les familles se rassemblaient et chacun avait une tâche bien précise. Chez les Brice à La Montagne, le patriarche dirigeait les opérations sans mot dire, juste avec le regard et quelques coups de bouc bien à propos. De temps à autre, un petit rugissement pour rétablir l'ordre et remettre chaque fils à sa place. On tuait le cochon en hiver et c'était l'occasion de sortir quelques bouteilles d'alcools forts. Fougerolles n'est pas très éloignée de là. Pays de la cerise et donc du kirsch qui aidait les hommes à supporter le froid. L'eau bouillante fume dans le grand sac de bois. On souffle dans les poumons de la bête. Les lames des couteaux bien aiguisés brillent dans la grisaille de l'hiver. Un chien vient lécher le sang qui ruisselle sur la neige. La mort du cochon est un cérémonial bien ordonné. Tout est bon dans le cochon et chaque morceau trouvera sa place dans le garde-manger en grillage de la grange. La neige floconne. Les réserves sont là pour toute une famille, toute une saison. La journée se terminait bien souvent autour d'une grande table de bois sur laquelle trônaient les boudins tout frais. Ripailles et rires auxquels prenaient part les générations rassemblées.

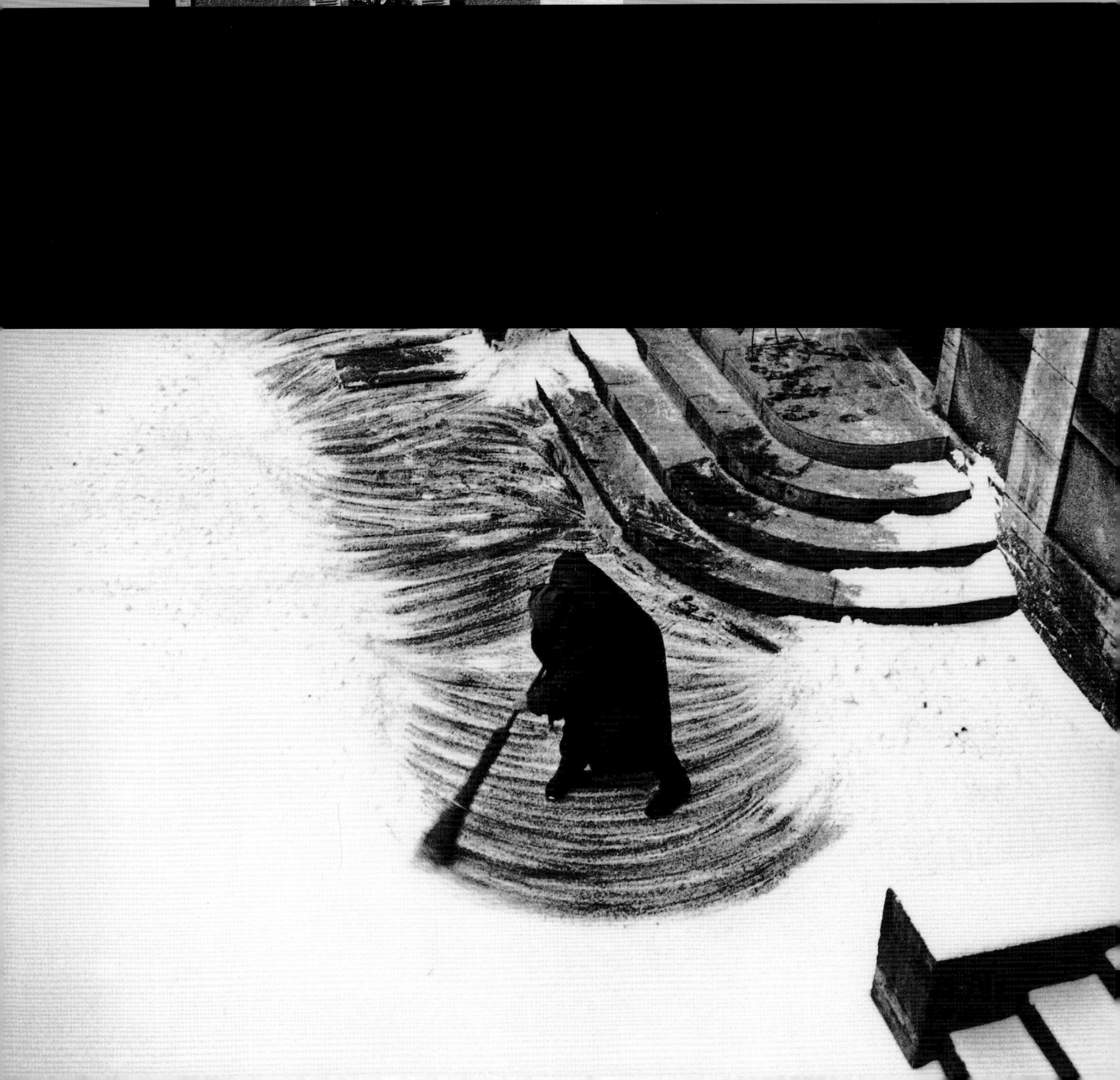

Plein sommeil en ce matin d'hiver. Un crissement régulier me fait dresser l'oreille. C'est un étrange bruissement, comme si un oiseau grattait la glace des carreaux gelés. C'est le bon et rigoureux hiver de Franche-Comté, ce véritable hiver qui permet à la nature de se régénérer. Je me lève pour mettre le nez à la fenêtre. J'ai du mal à ouvrir l'œil, mais ce petit bruit continue à m'intriguer. À travers les vitres glacées de la cuisine, au premier étage de l'appartement de fonction de l'école de Noroy-le-Bourg, j'aperçois une silhouette noire s'agiter sur la neige immaculée tombée dans la nuit. L'appariteur municipal, l'homme à tout faire de la mairie, Monsieur Renaud, sous sa casquette et dans son grand manteau balaie la neige à larges coups de bras. Ses gestes réguliers décrivent de longues arabesques et dessinent sur le sol une véritable fresque dont la géométrie épouse les courbes de l'escalier de la cour. Le balai à l'ancienne, simplement formé de jeunes branches de bouleau, poursuit, imperturbable, sa petite musique d'hiver. J'ai tout juste le temps de me précipiter sur mon Nikkormat armé d'un cinquante millimètres et chargé d'un film noir et blanc. Quelques images prises à travers les carreaux avant d'ouvrir la fenêtre pour ne pas distraire Monsieur Renaud. Ce dernier continue son travail, il trace un chemin pour les enfants et poursuit son œuvre qui ressemble à un tableau. Rien de bien étrange dans une école !

Le cimetière de Château-Lambert.

L'électricité n'est pas arrivée dans toutes ces fermes de légendes.

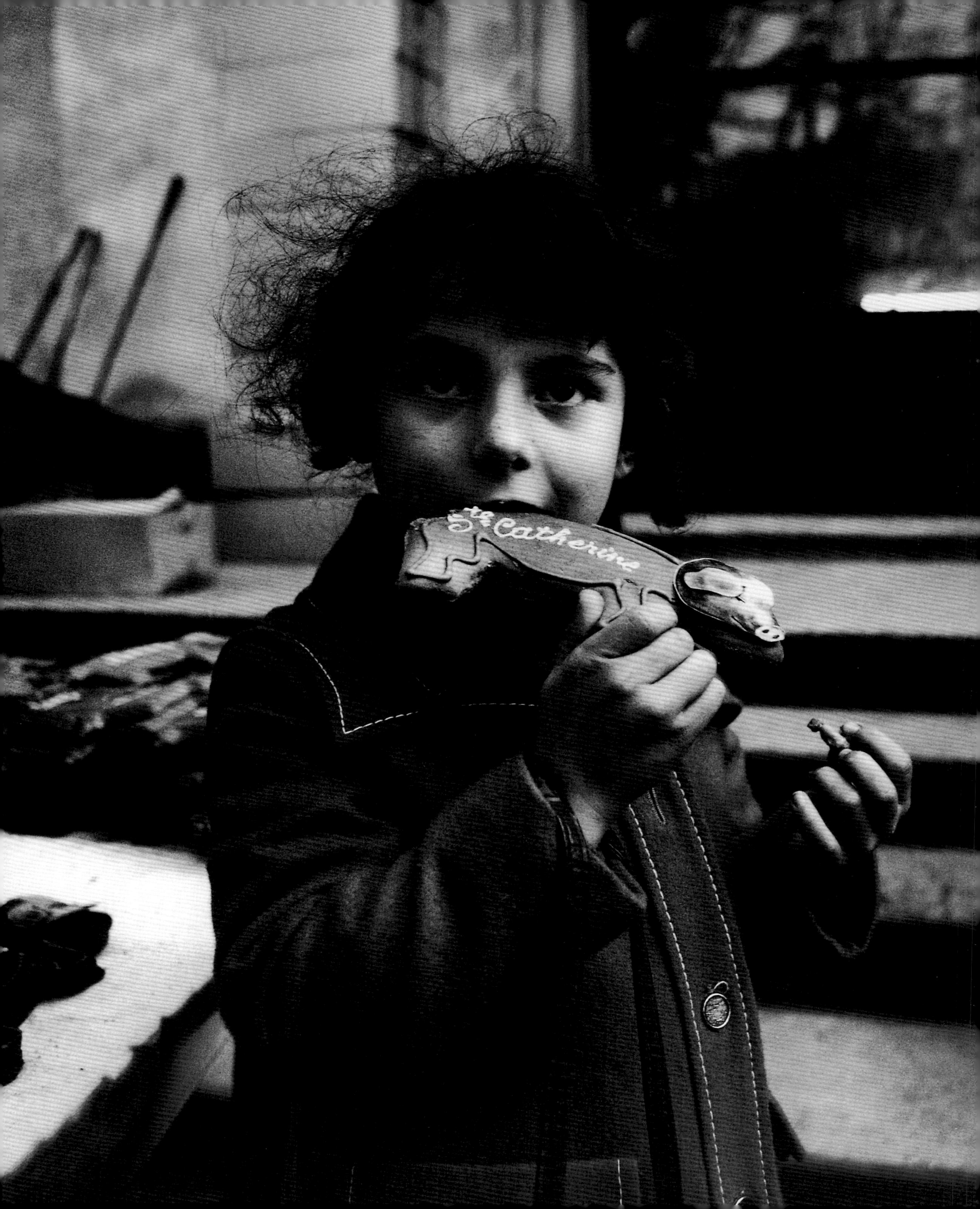
Ste Catherine

Chaque 25 novembre, toute la Haute-Saône se retrouve à Vesoul. C'est le jour des camelots, mais aussi celui des jeunes filles en chapeau, et, surtout, la fête de la paysannerie. Dès l'aube, des machines rutilantes viennent exhiber les nouvelles découvertes techniques sur l'emplacement des allées. De l'autre côté, face au théâtre et près du célèbre café «Chez Jane» : les animaux que l'on est venu accrocher aux rambardes de la place Pierre Renet. Boeufs, charolais et chevaux se côtoient dans un joyeux brouhaha rythmé par les maquignons qui se tapent dans la main pour se réchauffer, se saluer ou pour conclure un achat. Plus loin, les arbres fruitiers, qui savent que c'est à la Sainte Catherine qu'ils reprendront racine, attendent de repartir sur l'épaule de leur nouveau propriétaire. Les petits cochons que l'on pouvait emporter dans les bras en souvenir de cette fête ont disparu depuis quelques années mais d'autres, en pain d'épices, perpétuent la tradition chez les pâtissiers qui s'empresseront d'y inscrire le prénom des êtres bien aimés. Car on ne revient pas de cette fête sans son petit porcelet pour toute la famille, sans oublier d'y placer le sifflet de bois au bon endroit ! Partout, des catherinettes laissent admirer leur superbe chapeau aux couleurs jaune et verte qu'elles ont patiemment décoré pour que le passant puisse deviner quel est leur métier. Dans l'après-midi, un concours permettra de choisir la plus jolie d'entre elles, non le plus beau chapeau...

Très vite, la place est noyée sous les gens, les chants, les bruits et les odeurs de table. Cela sent l'andouillette et le vin chaud, les gaufres des Berdi Berdo de Fougerolles sont sur les fourneaux. Montagnes de pains d'épices et de tripes, jambons de Luxeuil, saucisses de Morteau et de Montbéliard. Mais aussi la cancoillotte, chaude bien sûr, et les rasades de kirsch pour faire passer tout ça. Jamais on ne quitte la Sainte Catherine le ventre vide ou la gorge sèche.

Car voici déjà le soir qui tombe et l'heure de rentrer dans ses campagnes lointaines. Il n'est pas rare, en effet, de croiser des gens venus ici à bord de leur tracteur. On se salue, on s'embrasse. C'est le dernier rassemblement avant le rude hiver.

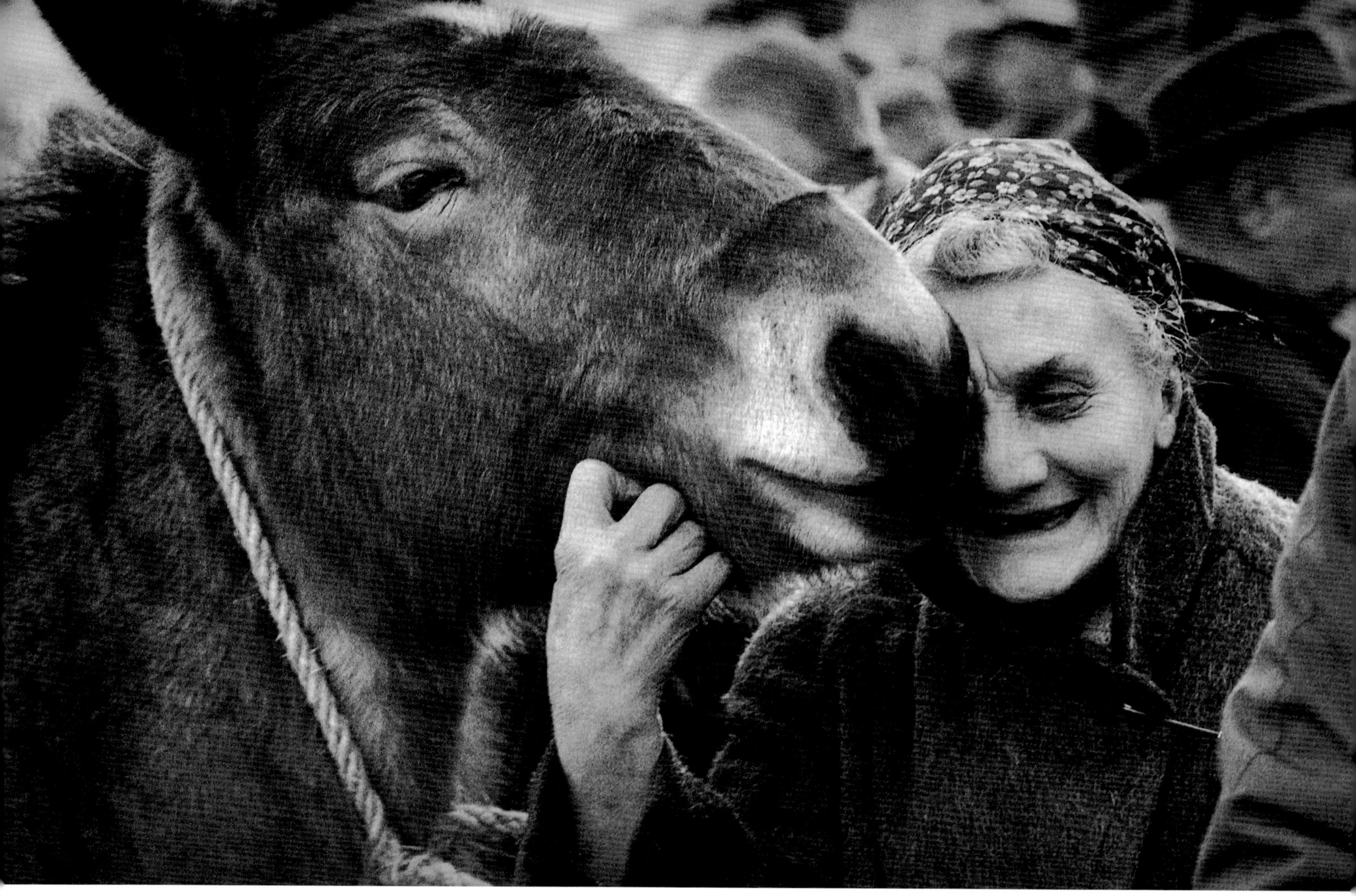

Devant le théâtre Edwige Feuillère à Vesoul, aujourd'hui entièrement rénové, les gestes des maquignons.

Les petits cochons ont totalement disparu de la foire de Vesoul, sauf en pain d'épice.

Retour de foire vers Epenoux.

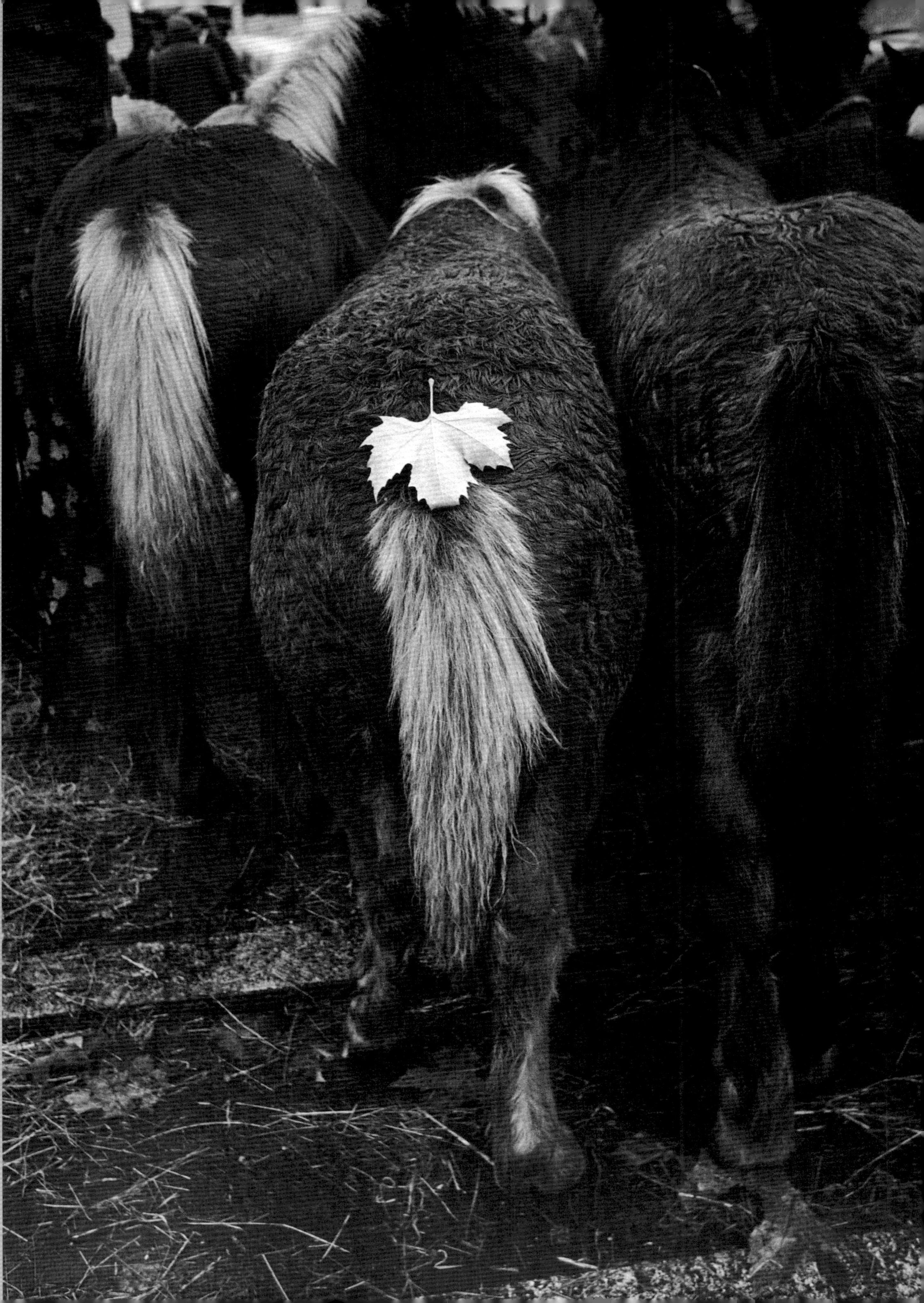

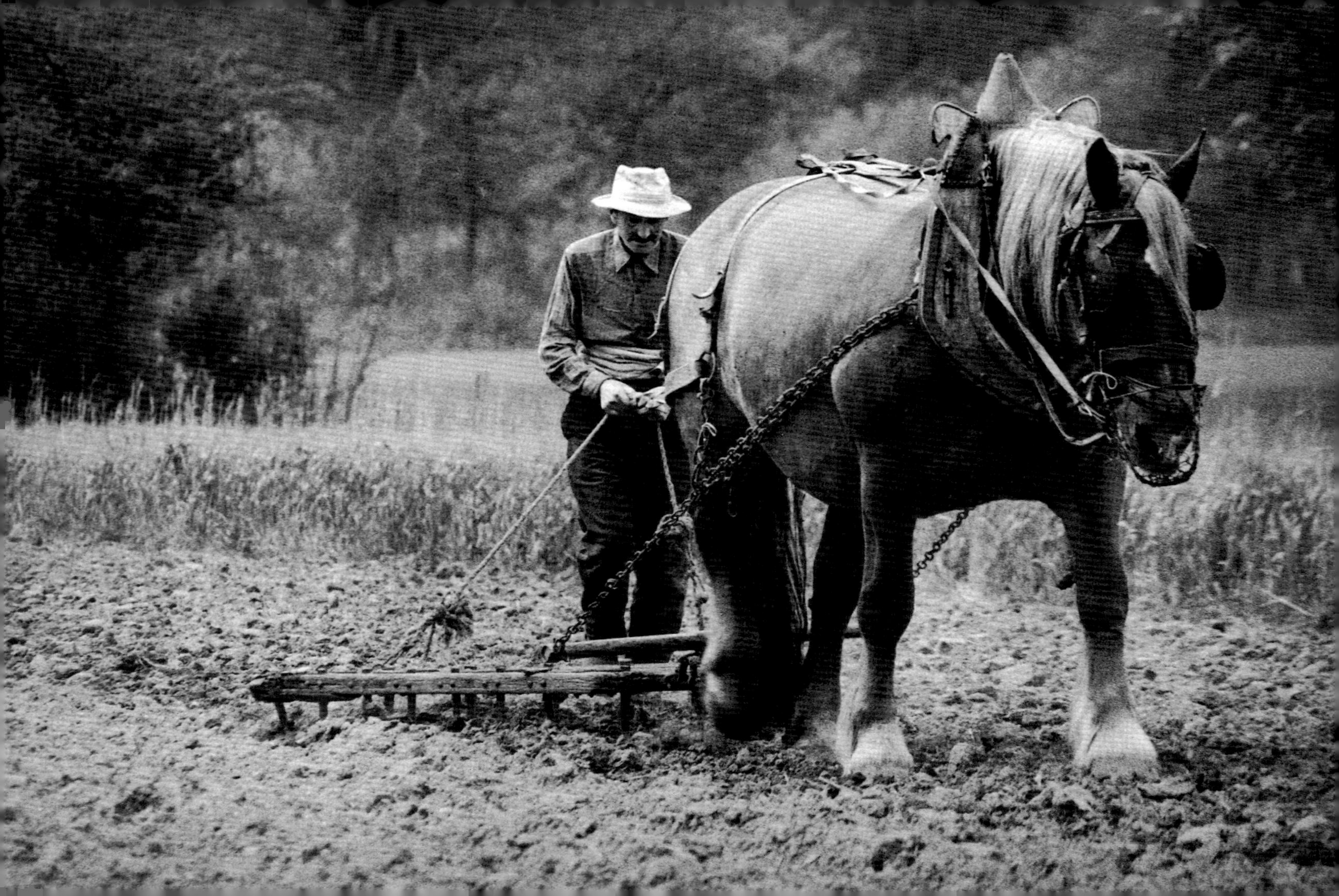

LES CHEVAUX

Massifs, paisibles, ils arpentent les prairies avec une nonchalance attachante. Le cheval comtois, comme l'ardennais, impose par son poids et ses rondeurs. Comme les vaches, ils font partie du paysage. Imaginez quelle serait la tristesse de ces grandes étendues vertes sans eux! Lors de mes premières rencontres avec les comtois pour préparer un petit livre sur leur race, leur puissance m'effrayait un peu et j'étais dans la crainte de prendre un coup de sabot. Peur d'un ancien citadin, sans doute, car ces chevaux sont doux et curieux, à peine vous bousculent-ils un peu de leur museau quand ils viennent vous sentir. Je me souviens encore avoir été impressionné par les déflagrations étonnantes de leur ventre tandis qu'ils digéraient paisiblement. Une autre fois, je me suis retrouvé seul, assis sur un tronc d'arbre mort, au milieu d'une centaine de ces bêtes, de ces tonnes de muscles. Et, pourtant, pas le moindre geste brusque de leur part. Simplement une lente approche vers moi pour venir me flairer. Malgré son poids respectable, l'animal est d'une rare douceur que sa belle crinière blonde ne fait qu'accentuer.

Un jour de Sainte Catherine, j'étais là à les regarder. Tous de dos attachés à la barrière, les queues virevoltantes. Soudain, une feuille morte tombe de l'arbre. L'espace d'un instant, je souhaite la voir se poser délicatement sur la croupe de l'un de ces beaux comtois. Bonheur et miracle de la photographie quand un éclair de seconde vous offre l'image délicieuse que vous aviez rêvée. La chance n'est pas toujours au rendez-vous, mais il suffit souvent de croire très fort en elle.

À force de patience et de respect, je pense être parvenu à partager une certaine connivence avec ces nobles animaux. Bien avant que Robert Redford ne murmure à leurs oreilles, certains villageois ne m'avaient-ils pas surnommé l'homme qui fait rire les chevaux...

La Vrine. Doubs.

Les chevaux sont repartis, remplacés par les chevaux à vapeur.

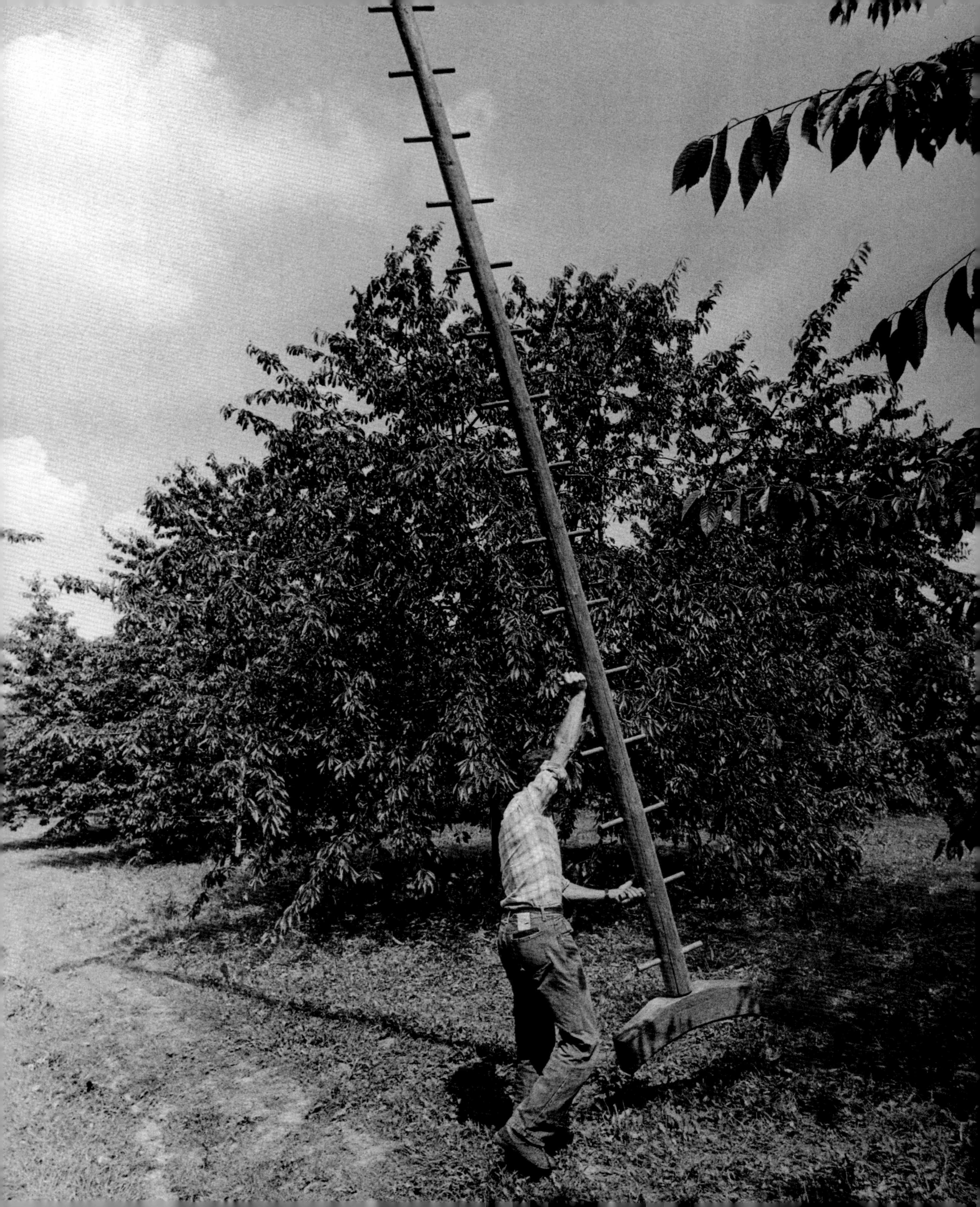

Au printemps, Fougerolles et ses environs ne sont qu'une robe de mariée. On dirait que c'est au pied des Vosges que le cerisier a découvert son paradis. En tout cas, c'est là que la petite cerise noire de l'endroit développe sa chair, son jus et ses sucres qui seront bientôt distillés en alcools incomparables, comme on le fait ici depuis des siècles. Mais cette lente métamorphose n'est pas un travail aussi bucolique que les tableaux du printemps épanoui pourraient laisser croire. Il faut d'abord compter avec les caprices du climat. Il n'est pas rare, en effet, qu'une dernière vague hivernale vienne tuer tous les fruits alors encore en fleurs. Et si l'on garde souvent des souvenirs de bouche rouge d'après la cueillette, celle-ci est pénible et fastidieuse. Il faut tout d'abord hisser le pied-de-chèvre, cette échelle primitive faite de quelques barreaux rudimentaires posés sur un tronc unique et qui permet de grimper jusqu'au sommet de l'arbre. Les fruits sont récoltés à la main. Les chutes sont fréquentes.

La distillation est œuvre de patience. À Blanzey, il faut voir Bernard Oudot à l'ouvrage pour comprendre que chaque geste, chaque opération sont le résultat d'une subtile alchimie entre les fruits, le respect profond du terroir et de ses traditions. D'autres que lui perpétuent encore ces techniques ancestrales, jadis transmises de père en fils mais beaucoup plus strictement réglementées aujourd'hui. Mais avec, au bout de ce long chemin, toujours le même plaisir de découvrir les rares nuances des kirschs et autres griottines qui envoûteront nos palais.

Les arbres sont en fleur, les petits fruits rouges font rougir les filles et les linaigrettes à têtes cotonneuses se dandinent dans le vent d'ouest, c'est le printemps, c'est l'été, c'est le bonheur dans les prés.

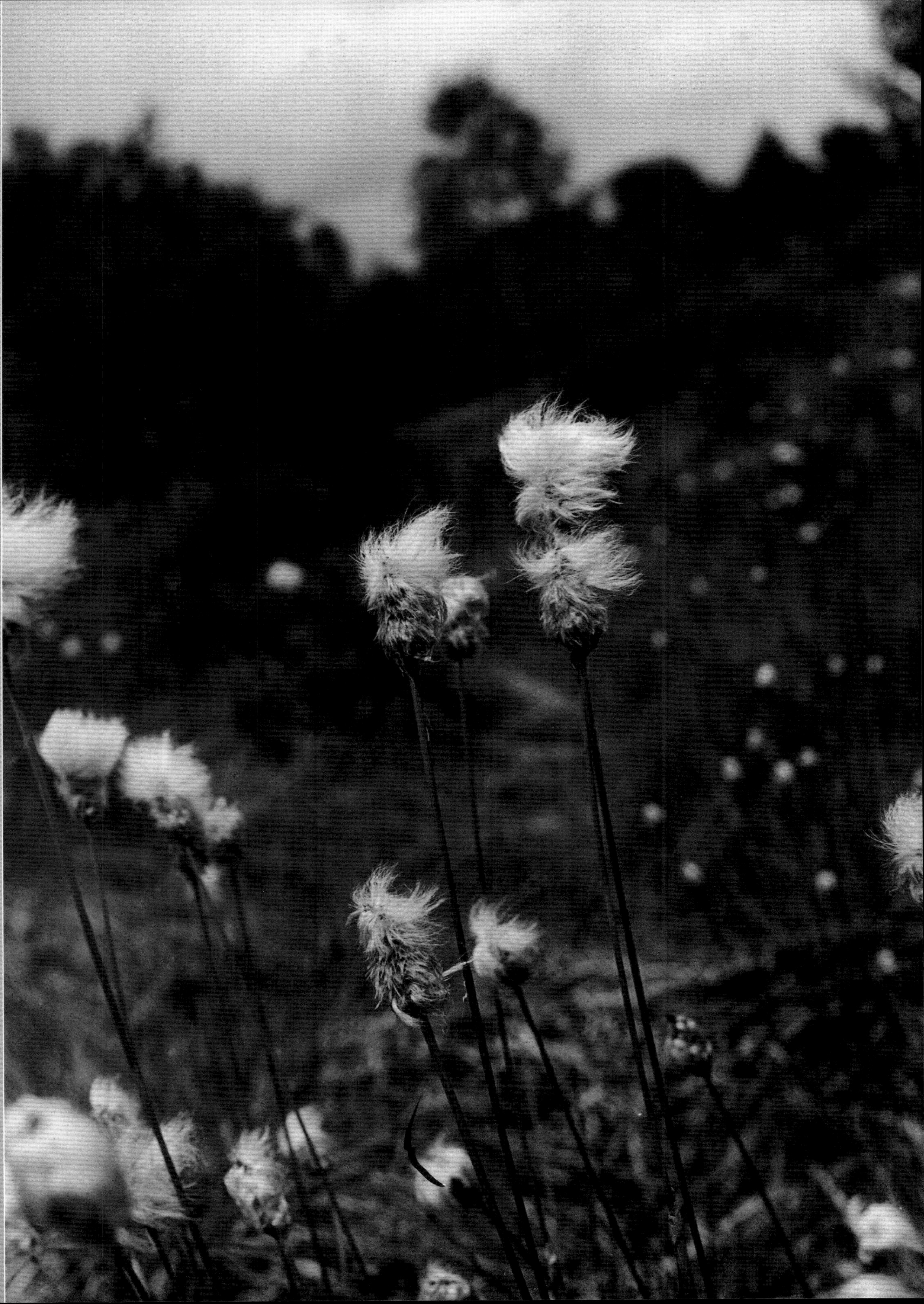

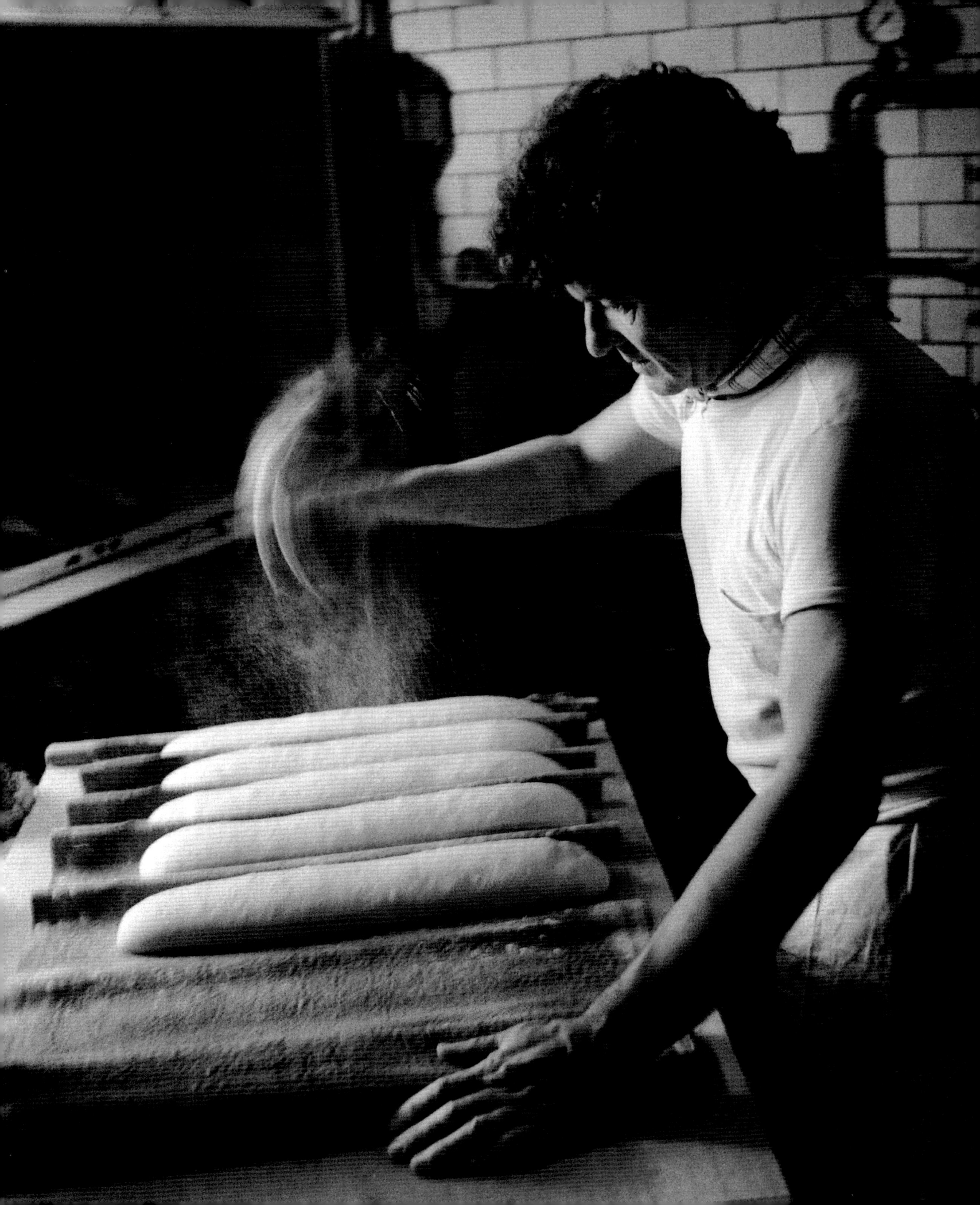

LE PAIN

Longtemps, dans les villages, chacun cuisait son propre pain dans le four de la maison avant de laisser cette tâche contraignante aux seuls boulangers. Personnage mythique à qui les farines donnaient l'aspect de l'effraie, l'homme était oiseau de nuit et se levait bien avant l'aube afin que chacun puisse manger dès le matin. Cet être respecté avait aussi ses secrets. Si chacun sait que le pain n'est rien d'autre qu'eau, farine, levure ou levain et quelques grains de sel, tout le monde ne possède pas l'art du pétrissage sur lequel se fondait la réputation des boulangeries. Il lui fallait aussi l'œil pour pouvoir choisir le meilleur froment duquel on extrairait la «molle» (la farine moulue) exempte de tout «creux» (son). L'homme était aussi économe et connaissait le prix et la dureté de la vie. S'il restait un excédent de pâte, il le réservait aux miches et autres petits pains.

Est-ce mentir que d'affirmer que les prétendues boulangeries industrielles ont failli nous faire perdre le goût du pain en nous jetant des mies insipides et sans âme sur la table du matin ? Aujourd'hui, renaissent enfin de ces artisans à l'ancienne qui, sur des feux de bois, font revivre les saveurs d'antan. On en trouve un à Beulotte-Saint-Laurent qui nous rappelle ceux du Haut-du-Them ou de Fondremand. Dans les villes, les pâtes épousent morceaux de lard, graines, noix, raisins. On salive devant la croûte craquante du pain-passion. On retrouve le plaisir rare d'un repas simple. Un peu de beurre, une tranche de saucisson, un petit verre (ou deux) de vin du pays et on lève son pain à la vie. Au partage et à l'amitié.

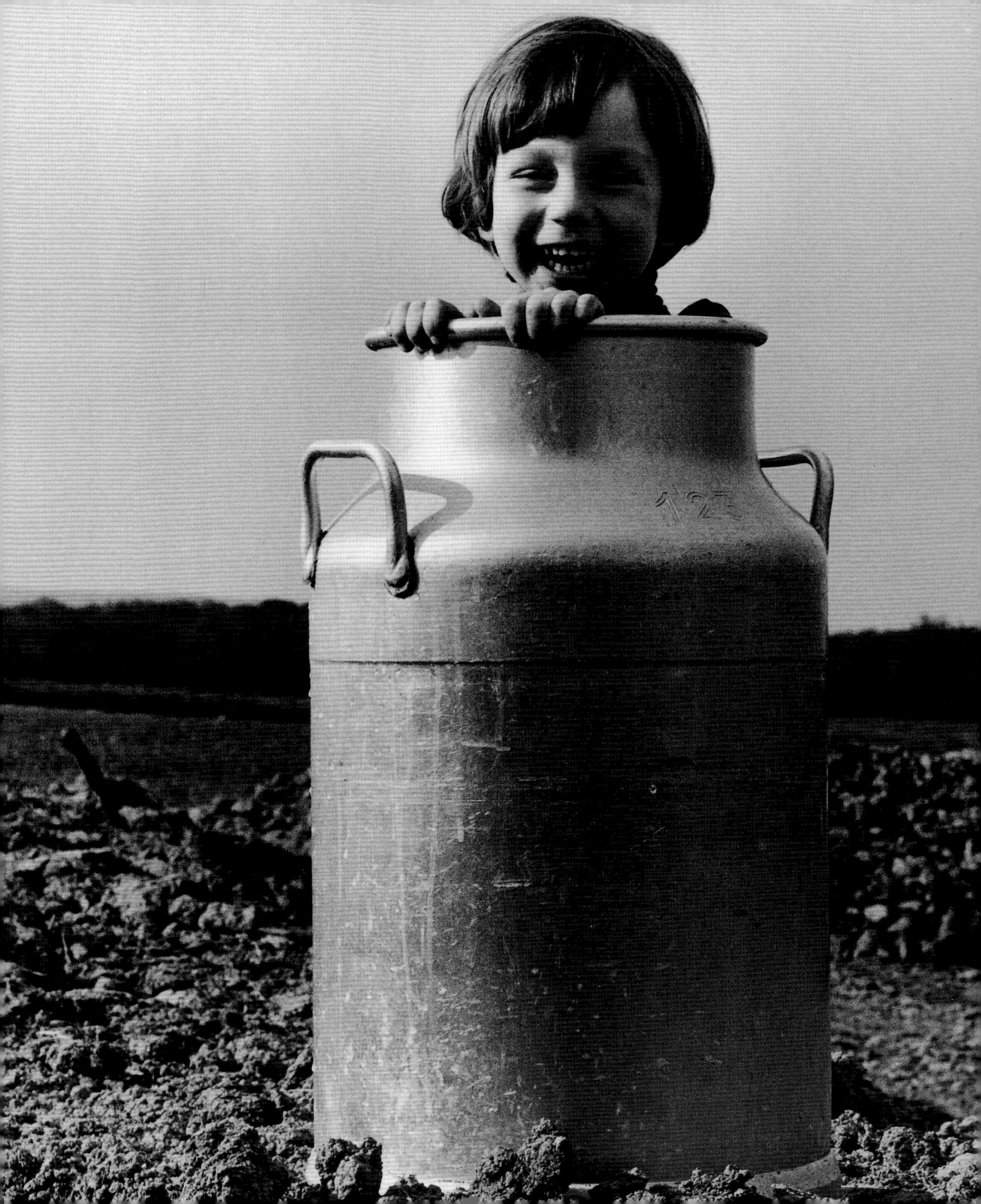

LE FROMAGE

Comment gouverner un pays où il y a autant de sortes de fromages ? se demandait un jour le Général de Gaulle. La réponse à sa question aurait été encore plus épineuse en Franche-Comté tant les variétés y sont nombreuses et aptes à satisfaire les plateaux les plus exigeants. Certains de ces délices ne passent guère les frontières de la région, comme la cancoillotte plus familièrement appelé la «colle» ici et qui a la réputation de ne point faire grossir. D'autres, comme le comté font l'honneur de bien de tables parmi le monde. Sa fabrication reste encore très artisanale et même spectaculaire surtout lorsqu'il s'agit de relever la toile où est enfermé le caillé.

Ce n'est sans doute pas un hasard si les coopératives qui recueillent le lait sont appelées ici des fruitières tant le breuvage contient en lui tous les parfums des herbes et des fleurs des nombreux pâturages du coin.

Souvent, les fromages vieilliront dans des caves fraîches et profondes, parfois dans de vieux forts comme aux Rousses ou à Métabiez. On pourrait dire de ce pays qu'il est la véritable terre du fromage. On pourrait aussi penser que c'est ici qu'est né le bon goût de la diversité de la transformation du lait.

◀ *Quand j'étais petit, mon père était laitier ; il me mettait de cette manière dans un bidon pendant ses tournées. Je ne pouvais que regarder le spectacle autour de moi. Ainsi est probablement née ma vocation de «voyeur». Cette photo a été faite à Vesoul dans la ferme des Trupcevic. Une reconstitution en souvenir de ce temps-là.*

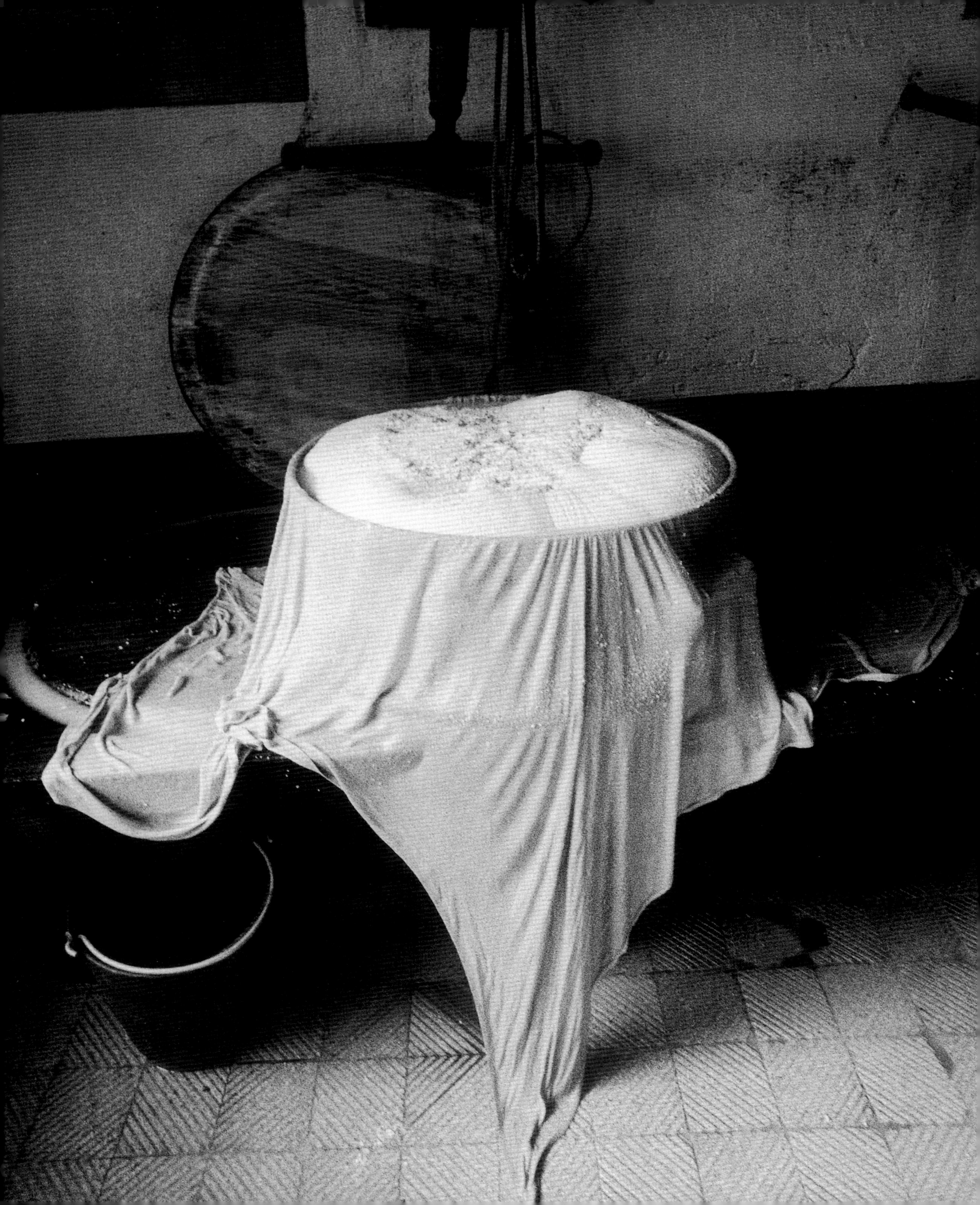

L'ancienne fromagerie Eberly à Noroy-le-Bourg.

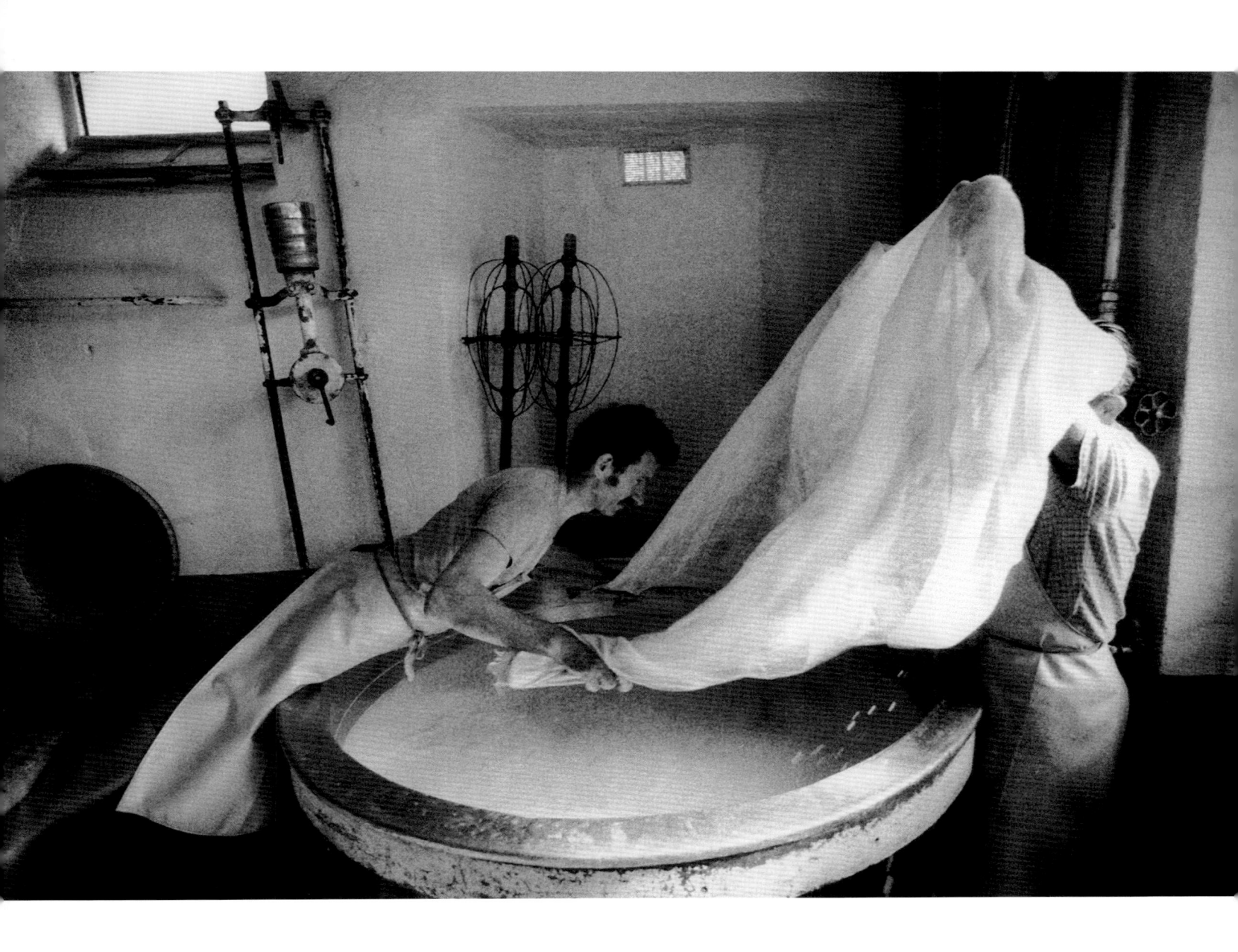

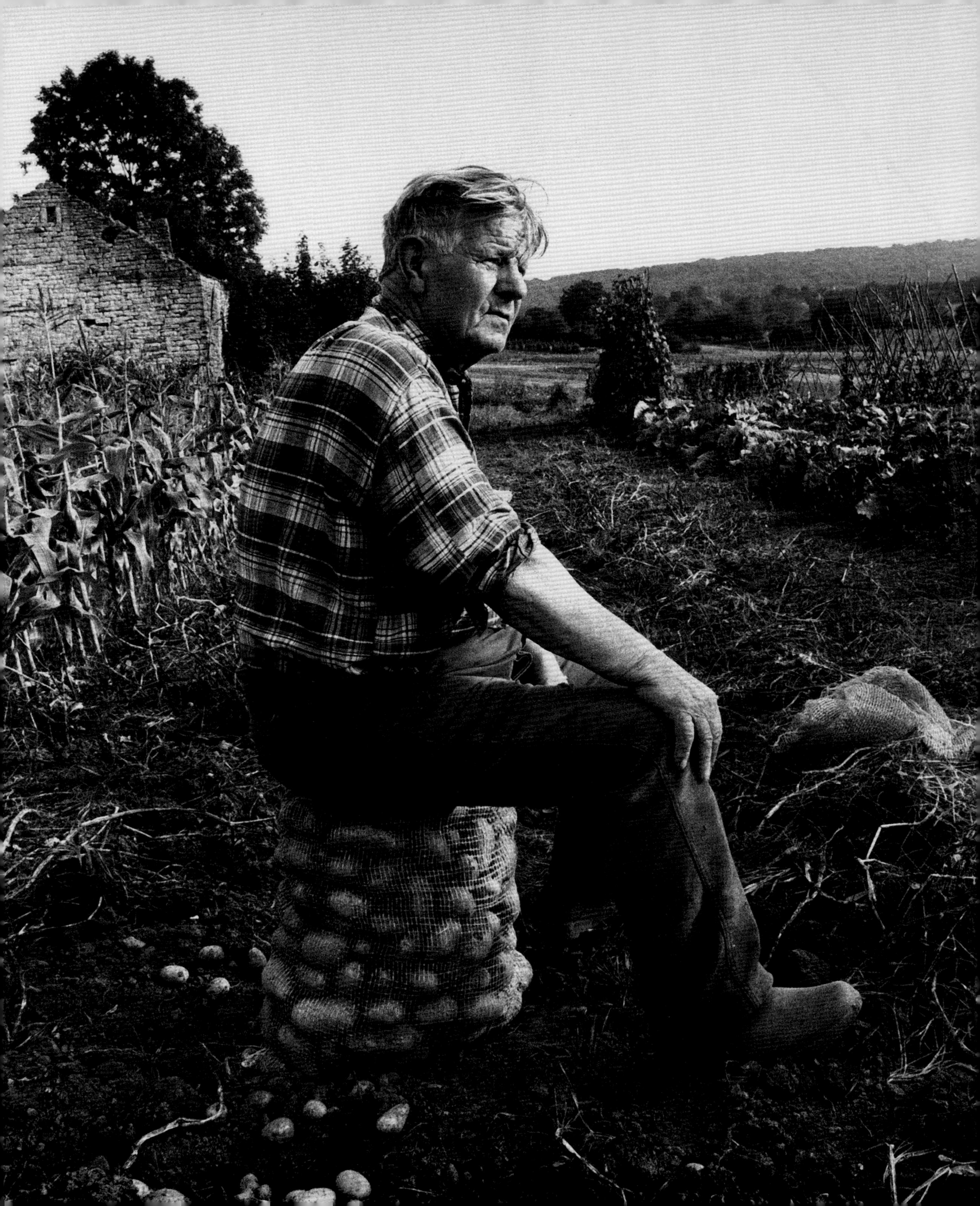

Elle est originaire des hauts plateaux des Andes et a fait son apparition en Europe dans les années 1534. Parmentier encouragera sa culture en France et aujourd'hui, ce fruit de la terre est présent dans tous les départements et tous les jardins. Sa culture demande cependant pas mal d'efforts car il faut sans cesse se pencher vers le sol. Et lorsqu'elle est retirée de la terre, qu'elle a séché au soleil il faut la ramasser, l'essuyer et ensuite la peler avant de la cuire et de la consommer. Comme le bois tout un travail tourne autour d'elle sans compter les précautions à prendre pour la protéger des maladies et surtout du fameux doryphore, un insecte nuisible. Elle est parfois consommée avec sa «peau», cuite dans la cendre, une pratique encore courante chez les forestiers. Le jus de pomme de terre crue était employé autrefois contre les ulcères. Ce tubercule est cultivée en Franche Comté mais à ma connaissance son exploitation n'a rien de grandiose ni de surdimensionné. La pomme de terre baptisée populairement «patate» est un aliment apprécié partout et peut être encore plus du côté de chez Joseph Orban en Belgique ! De là à en faire tout un plat ! même si elle est à la base de mille recettes.

A gauche, entre Es-Pois et La Ferrière.
A droite, Georges Grosjean au lieu-dit Les Claudineys.

Sur la route de Bonnevent-Velloreille.

Adieu l'Emile, on t'aimait bien, même plus que bien !

Remerciements,

*Pascale Linderme, Geoffroy Rigoulot de l'Agence Privée - Besançon,
Aubert Gérard auteur du titre, Guilène, Nelly, Nicolas.*

© 2006 Editions NOIRES TERRES
Rue de l'église 08390 Louvergny
E-mail : jmlecomte.lpa@wanadoo.fr

Droits de traduction et de reproduction réservés pour tous les pays.
Toute reproduction, même partielle, de cet ouvrage est interdite.
Une copie ou reproduction par quelque procédé que ce soit, photographies, microfilms, bandes magnétiques, disque ou autre, constitue une contrefaçon passible des peines prévues par la loi du 11 mars 1957 sur la protection des droits d'auteur.
Loi 49.956 du 16/7/1949
ISBN 2-915148-09-0

Distribution et diffusion SARL L.P.A., rue de l'Église - 08390 Louvergny
Tél. 03 24 71 98 98 - Fax 03 24 71 98 93

*Achevé d'imprimer en novembre 2006
sur les presses de l'Imprimerie FÉLIX à Vouziers (08)
Dépôt légal : 4ème trimestre 2006*